D1726386

Egon Bondy
Die ersten zehn Jahre

Egon Bondy

DIE ERSTEN ZEHN JAHRE

Aus dem Tschechischen von Eva Profousová

Mit einer Gedichtauswahl und
einem Nachwort von Jan Faktor,
Übersetzung der Gedichte
gemeinsam mit Annette Simon

GUGGOLZ

WIE ALLES ANFING

Mit siebzehn, an einem Vormittag etwa Mitte April 1947, saß ich wie mittlerweile fast jeden Tag statt in der Schule auf der Terrasse des Kunstvereins Mánes und vertilgte einen Hackfleischbraten. Für eine Fünfzig-Gramm-Lebensmittelmarke gab es davon eine ziemliche Portion, Hackbraten war am billigsten, und vor allem – er wurde mit Gürkchen und etwas Brot (für eine 25-Gramm-Marke) auf insgesamt drei oder vier Tellerchen serviert, was ich besonders elegant fand. Ich hatte meinen famosen modischen, maßgeschneiderten Anzug aus teurem Stoff und meine berühmten weißen maßgeschneiderten Schuhe an, trug meine berühmte teure amerikanische Krawatte und eine teure Sonnenbrille. Vermutlich hatte ich bei all der Aufmachung einen kleinen eleganten fünfeckigen roten Stern am Revers stecken, so wie damals bei Parteigenossen und Sympathisanten üblich. Die Terrasse war komplett leer, und ich saß ganz hinten. Wer von der Sophieninsel her kam, musste an der ganzen Terrasse vorbei, um über eine Treppe auf die Uferpromenade zurückzugelangen. Und plötzlich lief ausgerechnet aus der Richtung, an den verlassenen Tischen des Gartenrestaurants entlang, ein Paar, das mir unmöglich nicht hätte auffallen können. Beide jung, wenn auch deutlich älter als ich, er mit einem für die damalige Zeit ungewöhnlichen Vollbart, sie mit langem Pferdeschwanz und einem für die damalige Zeit sehr aparten langen Rock. Trotzdem sah man sofort, dass die beiden arme Studenten waren. Sie umrundeten die Terrasse und betraten sie. Das fand ich seltsam, denn in Mánes verkehrten damals nur echte Bourgeois. Die beiden blieben nicht stehen, sondern schritten weiter auf mich zu. Das beunruhigte mich. Mir schwante nichts Gutes. Sie kamen zu mir und erkundigten sich, ob sie Platz nehmen dürften. Da hatten wir's! Ohne seinen Namen zu nennen, wollte der Mann wissen, ob sie mir eine Frage stellen könnten. In Erwartung des Schlimmsten nickte ich. Sie möchten gerne wissen, sagte er, was ich bin. Seine Frage zielte bestimmt darauf ab, ob ich als Schwarzhändler oder bloßes Ausbeutersöhnchen anzusehen war, und ich nahm meinen ganzen Mut zusammen, um sie zurechtzuweisen, dass aufgeklärte marxistische Revolutionäre voll berechtigt sind, in Etablissements der Bourgeoisie zu verkehren – so etwa im Stil des Dichters S. K. Neumann, als dieser genau darüber den Kommunisten von Poděbrady eine Standpauke gehalten hatte. Da fügte der Mann hinzu, sie wären sich nicht einig, ob ich ein Komponist oder ein Dichter sei. Stotternd bekam ich heraus: ein Dichter …

Rumms – das war's also, ich saß fest – und zwar lebenslänglich.

WIEDER EINMAL ALLES VORBEI

Später habe ich oft daran denken müssen, wirklich oft. Fast haargenau zehn Jahre danach schrubbte ich mit wachsender Panik den Küchenfußboden. Da hatte ich schon seit zwei Monaten mit der Valdschen in Podolí zusammengewohnt – wir beide im Wohnzimmer, Vater notgedrungen in der Küche – und in den letzten Tagen murrte Vater immer wieder, »das Weib« könnte wenigstens mal putzen. Wir beschlossen also, ihm die Küche sauber zu schrubben, aber gegen Mittag verließ die Valdsche die Wohnung, weshalb ich allein loslegte. Schon seit ein paar Tagen wurde ich von bösen Vorahnungen heimgesucht – ihre genaue Ursache weiß ich heute nicht mehr –, und so schielte ich beim Putzen ständig auf die Uhr, weil mit jeder vergangenen Sekunde die Sicherheit stieg, dass mich die Valdsche – genau wie die anderen vor ihr – verlassen hatte. Und nun saß mir die Zeit im Nacken, weil ich ab 17 Uhr im Nationalmuseum den Walfisch bewachen musste.

Zum Glück wohnte die Valdsche nur einen Katzensprung vom Museum weg, in einer Dachmansarde in der Vodičkova Straße, und zwar im inneren Trakt des Palais U Nováků. Bei erstbester Gelegenheit, zwischen dem ersten und zweiten Rundgang, flitzte ich dort hin. Wie genau das Ganze ablief, weiß ich nicht mehr, aber ich habe sie nicht einmal mehr zu Gesicht bekommen, Herr Valda komplimentierte mich sanft, aber bestimmt in ihrem

7

Namen hinaus. Er befand sich in ähnlicher Situation – die Valdsche gehörte zu der Sorte Nymphomaninnen, bei deren Anblick andere den Kopf verlieren und vernünftigen Argumenten unzugänglich werden, zwei, drei Tage später zog sie ja schon mit meinem Freund Konstantin zusammen, und Herr Valda, dessen Herz noch treuer war als meins, übte sich erneut im Warten, auf dass sie eines Tages wieder für ein paar Tage zurückkehren möge. Allerdings entsprach das seinem Naturell, meinem nicht ganz. Also ging ich zurück ins Museum und fühlte mich am Boden zerstört, obwohl mir so etwas nicht zum ersten Mal passiert war. Aber ich liebte die Valdsche aus vollem Herzen, und ausgerechnet mit ihr hatte ich zum ersten Mal ein paar Wochen echtes Glück erlebt – und das war nun vorbei. Im Halbdunkel, damit ich mit keinem sprechen musste, lief ich in der Eingangshalle hin und her und war mir sicher, nie wieder eine schlimmere Qual zu erleiden – womit ich wohl ins Schwarze traf. Es waren nur ein paar Stunden, aber die hatten es in sich. Ich rief meine treue Freundin Frau Doktor Černá an, sie kam und ließ mich sogar vom Dienst befreien. Wir hatten beide Angst, das Ganze könnte ein schlimmes Ende nehmen, ich lief ja mit einer Waffe herum. Bis Mitternacht saßen wir im Café U Nováků, nur ein paar Meter von der Valdschen Wohnung entfernt. Wie in allen meinen Beziehungen hatten auch die Valdsche und ich gemeinsame Lieblingslieder gehabt, und ich sang sie mir weinend im Geiste vor. Die gute Frau Doktor lieferte mich zu Hause ab – sie wohnte damals vorübergehend bei uns –, und am nächsten Tag hatte mich schon der Alltag mit seinen Pflichten wieder. Später sollte ich mit der Valdschen doch noch zusammenkommen und sie sogar mit nach Hause nehmen – aber nur für eine Nacht, bevor sie zwei Wochen später einen funkelnagelneuen Amant fand. Erst ein paar Jahre später konnten wir uns wieder als gute Freunde begegnen – aber das steht schon auf einem anderen Blatt.

ERSTE LIEBE

Die zwei, die mich auf der Mánes-Terrasse angesprochen hatten, hießen Vladimír Šmerda und Libuše Strouhalová, und sie besuchten beide die Grafikschule. Sie hatten mich mal wo gesehen und etwas im Theater D48 aufgeschnappt, daher ihr Interesse. Gleich in den ersten Sätzen einigten wir uns darauf, Surrealisten zu sein. Damals war Surrealismus noch ein magisches und betörendes Wort, wovon es in der gesamten Geschichte nur wenige gibt. Es umfasste alles – Kunst, politische Überzeugung, aber auch die Art zu leben. André Breton war der Prophet und Vítězslav Nezval ein genialer Dichter. Und genauso magisch klang das Wort UMPRUM, die Akademie für Kunst, Architektur und Design, wo die beiden nach den Ferien studieren wollten. Ein ganz anderes Kaliber als das Realgymnasium, das ich besuchte. Eine Oase der Freiheit und ein Boden, auf dem man sich effektiv auf die sicher bald eintretende Weltrevolution vorbereiten konnte, denn dass diese jetzt von der Tschechoslowakei aus angesteuert wird, das lag klar auf der Hand. Und dass wir Marxisten waren, verstand sich von selbst, Šmerda war wohl schon damals in der Partei.

In den Wochen, die bis zum Herbst blieben, sahen wir uns kaum, und das Schicksal, das dem Dichter gerne ein Bein stellt, ließ mich in Mathe durchfallen und brummte mir für nach den Sommerferien eine Wiederholungsprüfung auf. Während ich den beiden verlegene Briefe schrieb, büffelte ich Mathe, aber da ich es mit der mir eigenen Gründlichkeit tat, war die Prüfung ein Kinderspiel. Sie muss wohl am ersten Schultag stattgefunden haben. Šmerda hatte noch einen Monat frei, aber für Líba, die auf der UMPRUM nicht angenommen worden war, fing das Schuljahr wie bei mir am 1. September an. Also wollte ich vor der Grafikschule nach ihr Ausschau halten – das Gebäude befand sich damals neben der UMPRUM in unmittelbarer Nähe der Philosophischen Fakultät und der Kneipe U Křižovníků, die beide später eine bedeutende Rolle in meinem Leben spielen sollten. Als ich hinging, war mein Herz noch rein, aber als ich Líba in den Scharen von Jungs und Mädchen vor der Schule wiederzuerkennen meinte, setzte mein Herz aus, und ich rannte weg. Noch verstand ich nicht richtig, was los war, aber ich musste sie um jeden Preis sehen, so viel wusste ich schon. Ihre Adresse kannte ich nicht, meinte nur aus ihren Erzählungen herausgehört zu haben, dass sie in »so nem Haus der Jugendorganisation« in Hlubočepy wohnte. Am Nachmittag des 3. oder 4. September machte ich mich also auf die Suche. Damals verließ ich zum letzten Mal so herausgeputzt das Haus, schon am gleichen Tag war es mir peinlich, und ich zog mich nie wieder so an. Hinter der Endstation der Fünf bog ich auf die Straße nach Hlubočepy ab, und nach ein paar Schritten tauchte plötzlich ein Schlösschen vor mir auf (die Brücke über den Bach befand sich damals gleich am unteren Ende des Parks, nicht so weit weg wie heute), das ich als das gesuchte Ziel identifizierte. Ich betrat eine den Surrealisten verheißene Landschaft. Unter dem Schlösschen lagen Terrassen mit Büsten römischer Kaiser, von denen manche

11

roten Lippenstift trugen. In den drei Jahren seit der Vertreibung der deutschen Baronesse waren das Schlösschen, die Terrassen und der Park ziemlich heruntergekommen, und das setzte bei mir sofort eine ganze Reihe schauerromantischer Assoziationen in Gang. Für meine an Illustrationen des »Minotaure«-Magazins und Cocteaus »Ewiger Rückkehr« geschulten Träume waren alte verkommene Schlösser und Parkanlagen eine saftige Weide. Die Faszination hat sich bis heute gehalten, das Schlösschen taucht sowohl in »Máša« als auch in »Běta« auf.

Um das Schloss herum wuselten irgendwelche Gestalten, die in meinen Träumereien absolut nichts verloren haben und die ich mich weigerte zur Kenntnis zu nehmen – Lehrlinge des Internats des Maschinenbauunternehmens ČKD oder wessen auch immer, dem das Schlösschen eigentlich gehörte. Ich fragte nach meinen Freunden herum, und es gelang mir tatsächlich eine positive Antwort herauszubekommen – auf dem Dachboden würde wer wohnen, hieß es. Das befeuerte meine romantische Ader noch mehr. Und als ich unters Dach hinaufgekraxelt kam, überstieg es alle meine Erwartungen, und ich war im siebten Himmel. Der Dachboden war ein gewöhnlicher Dachboden, aber mit eingebauten Kämmerchen fürs Hauspersonal, die meisten ohne Fenster, nur mit Dachluken. Líba fand ich sofort, sie machte gerade Großputz. Das Zimmer, in dem sie mit Šmerda und noch zwei weiteren Künstlern wohnte, war winzig, sie hatten dort Hochbetten und vielleicht zwei Stühle und einen kleinen Tisch stehen, nicht einmal einen Schrank gab es, die Kleidung, damals eh Mangelware, hing auf Kleiderbügeln oder auf allen möglichen Haken herum.

Líba machte ihren Großputz, und ich wusste nicht, wie

ich ihr helfen könnte, aber sie war schon fast fertig, also setzten wir uns hin und erzählten uns lauter Nichtigkeiten, und sie teilte trockenes Brot und ein winziges Stückchen Romadurkäse mit mir, was eine neue Welle an Begeisterung bei mir auslöste, zu Hause fraß ich nämlich aus ägyptischen Töpfen. Gegen Abend brachte sie mich zur Fähre nach Braník – das war wohl meine erste Fahrt über die Moldau, im Laufe der Zeit avancierte die Fähre zum Symbol meines Glücks und Leids. Noch viele Jahre später, als ich für mich und Julie ein Häuschen in der Straße Pod Žvahovem kaufte und mich einmal, vom Fieber gepackt, auf einer Bank genau an dieser Fähre ausruhte, schoss mir durch den Kopf: Was bin ich für ein Glückspilz, nicht nur habe ich meine Julie, sondern wohne mit ihr auch in Hlubočepy.

Was genau auf dem Nachhauseweg mit mir geschah, das weiß ich nicht, aber als ich zu Hause meine Erlebnisse aufschrieb, wurde mir plötzlich klar, dass ich verliebt war. Und wie ich später noch oft erleben sollte – wenn ich liebe, bin ich wie von Sinnen. Die Liebe trifft mich heftig wie ein Hammerschlag, und ich lasse alles stehen und liegen. Sie packt mich wie ein Wirbelsturm – und entsprechend führe ich mich auf, bis alle um mich herum allmählich den Verstand verlieren. Liebe sprengt immer die Grenzen meiner Welt, und ich finde mich mitten in Begeisterung und Ekstase wieder, die in solcher Heftigkeit keine Droge herstellen kann. Die Verzückung hält sich wochen- und monatelang – auch wenn ich dabei im tiefsten Unglück waten sollte, denn meine Lieben sind nicht glücklich, sogar Julie und mir wurde das Glück erst nach einem Jahr Leid geschenkt.

AB NACH SLOVANKA

Also lag es nur in der Logik der Sache, dass ich drei, vier Tage später endgültig die Schule schmiss. Schon davor hatte ich eine unglaubliche Menge an Fehltagen gehabt (an die 150 unentschuldigte Tage im Jahr – wenn nicht mehr), aber jetzt machte ich einfach Schluss mit dem Ganzen. Ich versuchte es nicht einmal zu verschleiern oder herumzulavieren, bis sich ein Ausweg fand – der tägliche Besuch von Septima passte in meinen Augen zu etwas so Grundsätzlichem wie Liebe nicht. Also teilte ich meinem Vater mit, dass ich nicht mehr hingehen würde, und ging dann auch nie wieder hin. Vater und ich hatten noch von früher ein paar Rechnungen offen, und vermutlich dank seines diffusen Schuldgefühls vermochte er sich nicht gegen mich durchzusetzen. Außerdem habe ich ihn unter Druck gesetzt – mithilfe von ein paar Mitschülern, die mich mit einer Mischung von Grauen und Bewunderung ansahen, zog ich mit zwei Riesenkoffern zu einem von ihnen, zu Karel Žák, den ich bis dato für ziemlich fade und daher uninteressant hielt, der mir aber sofort Hilfe angeboten hatte. Mein Auszug hielt nicht lange an, etwa einen Monat später war ich wieder zu Hause, allerdings auf freiem Fuß, mit der Schule war es definitiv aus. Die paar wenigen Klassenfreunde gab ich auf, nur ab und an sah ich Zdeněk Mlynář, der gleichzeitig mit mir Mitglied der Kommunistischen Partei geworden war, und

Ivo Vodseďálek, der eine Klasse unter mir besucht hatte und mit dem ich später, anders als mit Mlynář, eine lange und tiefe Freundschaft knüpfen sollte, die eigentlich bis heute reicht.

Aber was waren das Verlassen der Schule, der Eintritt in die Partei, der Auszug von zu Hause und die Rückkehr dahin im Vergleich zu meinem echten Leben, das in Slovanka stattfand – wie das Schlösschen in Hlubočepy hieß. Natürlich hätte ich in erster Linie das Herz meiner Liebe erobern wollen, aber wenn das nicht ging, wollte ich wenigstens in ihrer Nähe sein. Ich liebte alle, die in Slovanka wohnten, zu Šmerda empfand ich nicht einmal einen Schatten von Eifersucht, und die anderen, die dort wohnten, bekamen meine Liebe geschenkt, schon weil sie die gleiche Luft wie die beiden atmeten. Vor allem Hanes Reegen, viel älter als ich, der auch schon ein paar Jahre nach den hier geschilderten Begebenheiten starb, einer der ersten Toten meines Lebens. Er hatte Tuberkulose und schwelgte immer wieder in nostalgischen Erinnerungen an den Totaleinsatz im Reich. Hanes wohnte mit Šmerda und Líba zusammen, sah sich aber bald nach einem anderen Schlafplatz um, wir waren doch zu viele. Der andere Mitbewohner, der auch an der UMPRUM studierte, hatte ebenfalls eine zweite Bleibe und war häufig nicht da, so dass ich in seinem Bett und seinem Schlafsack nächtigen durfte – meine sehnlichst erwarteten Freuden. Die Bewohner der anderen Dachbodenkämmerchen waren schon etwas gewöhnlicher – einer war in so einer damaligen Bezirkhausverwaltung angestellt, er zog ein Bein nach, und als er eine treue Freundin fand, drückten wir ihm ganz fest die Daumen. Ein anderer arbeitete als Pfleger im Gesundheitszentrum Barrandov und trug den Spitznamen

Fakir, weil er ständig irgendwelche indischen Weisheiten studierte. Šmerda und ich, beide waschechte Marxisten, führten mit ihm leidenschaftliche Diskussionen, ausgeredet haben wir ihm aber nichts, unsere damaligen Marxismuskenntnisse reichten ja nicht einmal bis zu Engels »Anti-Dühring«. Wir mochten uns aber gegenseitig sehr gern, Fakir und ich – übrigens hatte auch er Probleme mit Frauen. In unseren Kreisen, also den breiten Kreisen der damaligen Jugend, nahm man solche Angelegenheiten ernst, denn Promiskuität hielten wir für eine sehr bürgerliche und reaktionäre Haltung (damals verwendete man das Wort »konterrevolutionär« noch nicht so häufig wie heute). Ansonsten tauchten von Zeit zu Zeit auch andere Personen auf dem Dachboden auf, sie spielten in meinem Leben aber keine besondere Rolle, und ich erinnere mich kaum an sie. Im Allgemeinen herrschte dort eine Art Kommunegeist, die Türen waren nicht abgeriegelt, und jeder hatte freien Zugriff auf die Habe der anderen. Geld hatten wir kaum, Essenskarten gab es wenige, im Winter reichte die Heizkohle nicht, und wir froren oft, für mich war das ein himmelweiter Unterschied zu früher, aber wir wurden von einer Welle der Begeisterung getragen. Meine »großbürgerlichen Neigungen« streifte ich natürlich nicht sofort ab, ich war gewohnt, die besten Prager Bars mit dem besten Bebop zu frequentieren (insbesondere Pygmalion im heutigen Palais Blaník), bis dato war ich mit Ivo Vodseďálek hingegangen, ohne mir darüber den Kopf zu zerbrechen, ob es zu einem surrealistischen Dichter und Revolutionär passte. Das sah Šmerda anders. Deswegen nahm ich Líba höchstens zweimal mit, öfter ging es nicht. Jetzt wiederum war ich auf Wolke sieben, wenn ich mir mit etwa zwanzig UMPRUM-Studenten in der Kneipe Na

prádle eine Flasche Wein teilen und das Lied über Tschapajew und all die unerträglichen mährisch-slowakischen
Weisen grölen durfte.

Schon im September 1947, spätestens Anfang Oktober,
als ich von zu Hause ausgezogen war, unternahm ich den
ersten einer endlosen Reihe erfolgloser Versuche, meinen
Lebensunterhalt zu bestreiten. Vermutlich wird es Frau
Pavlíčková gewesen sein, eine Lehrerin an meinem Gymnasium, die mir in ihrer absoluten Ahnungslosigkeit eine
Stelle als Faktotum im Kreisausschuss der Kommunistischen Partei der Tschechoslowakei besorgte. Der dortige
Leiter des Jugendausschusses Dr. Budský wusste natürlich
auch nicht, was er mit mir anfangen sollte, also ließ er
mich in der Universitätsbibliothek aus kommunistischen
Zeitschriften der Vorkriegszeit Passagen über die Kom-
somol-Bewegung in der Ersten Tschechoslowakischen
Republik exzerpieren – dafür durfte ich mittags in der
Kreisausschusskantine umsonst essen. Es war allerdings
eine Scheißarbeit, und zehn Tage später warf ich das
Handtuch. Nur einmal im Leben hatte ich eine noch kür-
zere Anstellung, und zwar Jahre später, als ich ganze zwei
Tage als Buchhaltungsrevisor der Bahnhofsrestaurants
von Prag-Nord mit Sitz in dem 25 Kilometer entfernten
Städtchen Slaný arbeitete.

Bei der ersten Verliebtheit passieren einem die phantastischsten Dinge, wird die Verliebtheit nicht erwidert,
dann doppelt so viele. Wozu darüber noch weitere Worte
verlieren. Ich hatte Líba wohl schon am 10. September
meine Liebe offenbart und sie damit ziemlich in Verlegenheit gebracht. Aber dank ihrer und Šmerdas ungewöh-
lichen Toleranz und Freundlichkeit durfte ich an ihrer
Seite in Slovanka mein Einweihungsjahr erleben, und

dafür kann ich ihnen nie genug danken. Das gemeinsame Leben im Schlösschen war reine Poesie, und meine Verzückung entzückte auch alle anderen. Wir lasen damals viele Bücher zum ersten Mal, von Marquis de Sade bis zu Proust, und wir brannten für die Kunst, obwohl in dem Jahr weder Šmerda und Líba noch ich etwas Nennenswertes auf die Beine stellten – nur ein Collagebuch, unwiederbringlich verloren, kam dort in der zweiten Hälfte meines Aufenthaltes zustande. Wir taten so, als wären wir erwachsen, aber allem unseren Tun haftete ein Stempel der Naivität an. Wir lebten wie im Quartier Latin. Kaum einer hatte seine Jugend in einem so bezaubernden Umfeld verbracht. Ganz bestimmt quälten mich damals viele Sorgen, angefangen bei meiner erfolglosen Verliebtheit bis hin zur Arbeitslosigkeit. In Erinnerung blieb aber nur die Atmosphäre des gelebten Wunders und heftigen Glücks.

DER SIEGREICHE FEBRUAR

Memoiren – sofern es sich nicht um »Dichtung und Wahrheit« handelt – sind seltsamerweise eine eher langweilige Lektüre. Weiß der Teufel warum – vielleicht bekommen wir den angemessenen Abstand zu uns selbst nicht hin, oder unsere Sichtweise auf den Gegenstand unseres Schreibens ist nicht poetisch genug. Womöglich fällt das menschliche Leben in Wirklichkeit viel zu kleinkariert aus, trotz des ganzen Geschwafels darüber, dass das Phantastische der Wirklichkeit von keiner Fiktion übertroffen werden kann. Ich aber halte mich hier an die Wahrheit und nicht an die Dichtung, und deswegen gebe ich mir Mühe, nur vom Allerwichtigsten zu berichten und dem Leser nicht mit poetisch erhöhten, allgemeinbekannten Lebenstrivialitäten auf den Geist zu gehen. Auch wenn einige Phasen meines Lebens in meinen Augen schon eindeutig poetischen Charakter hatten.

Eine solche Poesie kennzeichnete auch das Leben in der Slovanka, aber es geschah auch viel Prosaisches. Dass ich weder zur Schule ging, noch eine Arbeit hatte, machte mein Leben sehr kompliziert – erst später sollte das für mich zur Normalität werden, und zwar unter deutlich schlimmeren Bedingungen. Selbstverständlich reichte es nicht aus, in einer Nachtschicht Kohle abzuladen. Als eine mögliche Lösung schwebte mir die Teilnahme am Bau der Jugend »Lidice – Most – Litvínov« vor, den es bei uns nach jugoslawischem Beispiel schon vor Februar 1948 gab. Die jugoslawische Omladinska pruga stellte für uns damals das höchste Vorbild dar – den sowjetischen Film »Komsomolsk. Stadt der Jugend« kannten wir noch nicht und den Schriftsteller Avdeenko vermutlich auch nicht. Mithilfe meiner kommunistischen Schulfreunde holte ich mir vom Zentralkomitee des Jugendverbandes eine Sondererlaubnis, individuell und noch dazu im Winter beim Bau der Jugend antreten zu dürfen. Ende 1947 war alles in trockenen Tüchern, und zum 1. Januar 1948 fing ich in Lidice an. (Bei der Gelegenheit lernte ich in Kladno den Kreissekretär Jaroslav Puchmertl kennen, Mitglied der linken surrealistischen Vereinigung Skupina Ra, deren Aktivitäten ich mit meinen Freunden natürlich ganz genau verfolgte. Als Künstler ist der lebenslange Funktionär Puchmertl wohl komplett in Vergessenheit geraten, aber damals gehörten seine Skulpturen zum Besseren, wenn nicht zum Besten, was die Bildhauerkunst nach 1945 zu bieten hatte.) Die Brigade in Lidice bestand aus etwa zwanzig jungen Männern und Frauen. Das Ganze war eine riesige Enttäuschung. Statt klassenbewusster junger Erbauer fand ich dort den Abschaum der Gesellschaft versammelt, Menschen, die sich nicht ins normale Berufsleben eingliedern wollten – entweder aus Debilität oder aus Berechnung auf eine im Anschluss auf den Bau mögliche Funktionärskarriere. Alle dermaßen ungebildet, dass sie durch die Bank weg weder etwas über Kunst noch über Literatur wussten, nicht einmal über Politik. Sie rissen mir »Den stillen Don« aus der Hand und kicherten über die aufs Geratewohl aufgeschlagenen Seiten. Gebumst hat jeder mit jedem. Gearbeitet wurde eher zum Schein, es herrschte Frost, wir sollten irgendwelche Fundamente graben, das ging aber nicht, weil der einzige Mechanisierungsbeitrag aus Krampen und Spaten bestand. Aber jeden Morgen gingen wir mit sowjetischen und jugoslawischen Liedern auf den Lippen zur Arbeit, und singend kehrten wir auch zurück. Wir wohnten alle in einer Baracke zusammen, in den anderen gab es normale Arbeiter, die unsere Baracke berechtigterweise als einen Puff ansahen und uns als Taugenichtse. Ich lernte den »Bau« in einer unnatürlichen Situation kennen, es war Winter, und die echten, wahrhaftigen Brigadeteilnehmer waren vermutlich noch nicht angekommen, außerdem war es noch vor dem Siegreichen Februar, danach sollten sich die Bedingungen schlagartig geändert haben, insbesondere bei dem neuen Bau der Jugend in Kunčice. Dort zumindest bildeten solche Elemente, mit denen ich in Lidice die Ehre hatte, die absolute Minderheit – für mich selbst aber kam diese Erfahrung gerade rechtzeitig. Zwar vergoss ich in den nächsten Jahren, als man uns im Kino in der Wochenschau die Erbauerbegeisterung unserer Werktätigen und insbesondere unserer Jugend zeigte, regelmäßig Tränen über die Poesie dessen, wovon ich mich selbst ausgeschlossen hatte, aber es fiel mir Gott sei Dank nie wieder ein, so etwas nochmals auszuprobieren.

Ganze vier Wochen hatte ich es dort ausgehalten. Ich erinnere mich noch an den seltsamen Moment, als mir plötzlich bewußt wurde, dass ich gerade meinen achtzehnten Geburtstag hatte, und ich in dem außerordentlichen Gefühl schwelgte, achtzehn zu sein – eine ganz starke und erregende Empfindung, allerdings wusste ich nicht genau, ob es »schon achtzehn« oder »erst achtzehn« heißen sollte. Damals hatte ich den Eindruck, bereits auf eine bewegte eigene Geschichte zurückzublicken, und gleichzeitig wusste ich, dass die Zukunft nicht minder bewegt sein würde, obwohl ich sie mir kein bisschen vorstellen konnte. Am 2. Februar marschierte ich endgültig vom Bau weg – aufzuhören fiel mir nie schwer –, und ich weiß noch, dass das Wetter so schön war, dass ich mich bei meinem Fußmarsch nach Prag auf einer Wiese auszog und in die Sonne legte. In Prag wohnte ich wieder abwechselnd zu Hause und in Slovanka.

Die ersten Februartage von 1948 fielen durch keine größere politische Spannung auf. Keiner der Durchschnittsbürger war auf die Februarereignisse gefasst. Auch wenn alles offensichtlich von langer Hand geplant gewesen war, waren die Vorbereitungen im Verborgenen geblieben. Unter uns jungen Kommunisten kreiste zwar jedes Gespräch um die Frage, was kommen würde, sollten wir in der ČSR siegen und die sozialistische Revolution verwirklichen, aber die Revolution versprachen wir uns eher von den üblichen Parlamentswahlen als vom kämpferischen Auftritt der Arbeiterklasse, keinesfalls sofort. Der Februar fing aber heftig an, und die Ereignisse überstürzten sich. Da wussten wir schon, dass der entscheidende Augenblick gekommen war. Was Šmerda und Líba zu der Zeit machten, das weiß ich heute nicht mehr – bestimmt nahmen sie aktiv am politischen Geschehen in ihren Schulen teil –, und so auf Anhieb kann ich nicht einmal sagen, ob ich in jenen Tagen überhaupt in Slovanka vorbeigekommen war (mein Tagebuch aus der Zeit existiert aber noch) – doch ich weiß genau, was ich zu Hause in Podolí tat. Selbstverständlich stand ich der Kommunistischen Partei der Tschechoslowakei, der KSČ, und »dem ganzen Volk« treu zur Seite. Und natürlich widersprach ich meinem Vater und seinen Freunden, wo ich konnte. Obwohl ich seit Monaten Parteimitglied war, hatte ich peinlicherweise vergessen, mich in einer Organisation zu registrieren, konnte also die Revolution nicht tatkräftig unterstützen. Aber als die Rede des Genossen Gottwald auf dem Altstädterring angekündigt wurde, rannte ich hin, klatschte begeistert in die Hände und skandierte Parolen. Auf dem Rückweg über den Wenzelsplatz lief ich an der Spitze des Umzugs von Prag XIV und schwang – mit schulterlangem Haar – die rote Fahne vor mir her. Ich glühte vor Begeisterung, aber dennoch entging mir nicht, dass unser Arbeiterzug, der hinter der erstbesten Ecke auseinanderbröselte, nicht gerade vor Spontaneität sprühte, das Ganze glich eher »gemäßigtem Fortschritt im Rahmen des Gesetzes« – vielleicht waren die Umzüge mit Volksmilizvertretern besser, aber die Leute hier wollten rechtzeitig zum Mittagessen nach Hause. Der Februar lief weiter – und ich, von seltsamer Verlegenheit ergriffen, ging nirgendwo mehr hin, am Tag des siegreichen Höhepunkts versteckte ich mich mehr oder minder im Kino und sah mir zum x-ten Mal »Die Jugend von Gorki« an. Es war kalt, weiße Schneeflöckchen rieselten durch die Luft, und tief in meiner Seele machte sich das Gefühl breit, dass da etwas schiefgelaufen war.

Trotzdem schloss ich mich dann endlich einer örtlichen Organisation der KSČ an, der dortige Vorsitzende und Juradoktor Šmíd empfahl mich allen zum Vorbild, und alle empfahlen mich wiederum ihm zum Vorbild, denn er hatte zwei Söhne, die nicht in der Partei waren und später abgehauen sind. Ich wurde sofort zum Jugendreferenten ernannt, und gemeinsam mit dem Sohn des dortigen Totengräbers entwickelte ich eine rege Aktivität – leider weiß ich nicht mehr, in welcher Richtung. Aber von dieser Zeit sind mir nicht nur ein paar Musterbeispiele des dumpfen demokratischen Zentralismus im Kopf geblieben, sondern auch Kostproben innerer Verlogenheit: Ein gewisser Genosse Kaška, seines Zeichens Bankangestellter, prahlte bei einer Sitzung, wie man bei ihm vor Ort Parteimitglieder angeworben hatte – man brauchte nur einen Revolver neben den Antrag auf den Tisch zu legen, und jeder unterschrieb.

ZUM ERSTEN MAL AM BODEN

Meine Liebe zu Líba war treu und beständig, sie loderte hoch, sobald sich Šmerda in die Ferien verabschiedete (Winter-, Semester- und Osterferien) und Líba vom Mitleid und dem dringenden Wunsch, mich loszuwerden, erfasst wurde. Sie hatte die Idee, mich mit ihrer besten Freundin Evička Čížková zu verkuppeln, die damals göttliche sechzehn Jahre alt war. Líba führte sie mir immer wieder vor, besonders im März beim Faschingsball der Grafikschule, und ich biss natürlich an. Nach ein paar weiteren Verabredungen in Slovanka, wo wir am Wein nippten, Boogie-Woogie auflegten und viel über Revolution und Surrealismus quatschten, war die Sache geritzt. Ich sagte Evička, dass ich sie liebte, und als echte Revolutionäre beschlossen wir, im bretonschen Glashaus leben zu wollen. Um uns den Anfang zu erleichtern, stellte uns Líba den Schrebergarten ihrer Familie in Újezd bei Průhonice zur Verfügung, mit wackliger Gartenlaube, aber einem Bett. Irgendwann Anfang Juni machten wir uns also auf den Weg. Aber weil das Ganze eher fingiert war und ich zu Evička keine große Liebe empfand, ließ ein Fiasko nicht lange auf sich warten. Ich bekam keinen hoch, und weil wir beide Jungfrau waren, wussten wir uns nicht anders weiterzuhelfen als auf die primitivste Art und Weise. Später versuchte ich es mit Humor zu nehmen, aber in Wirklichkeit war es einer der drei schlimmsten

Momente meines Lebens – der zweite folgte, als ich in Österreich verhaftet wurde, und der dritte (weiß Gott warum), als ich in Karlsbad das Manuskript meines ersten Romans verlor. Trotzdem blieben Evička und ich in Liebe vereint, und uns wurde sogar ungewöhnlich viel Poesie zuteil – erst jetzt gehörte uns die Welt, sprich Slovanka und ganz Prag. Hatten wir kein Geld, ließen wir so lange anschreiben, bis irgendein Bekannter voller Rührung die Rechnung übernahm, war uns der Weg nach Hlubočepy zu weit, legten wir uns auf die Treppe vor der UMPRUM, bis uns jemand bei sich übernachten ließ, ich war dünn wie eine Bohnenstange, und wegen meiner langen Haare hielt man mich oft für ein Mädchen und forderte mich im Pygmalion (die Bar war immer noch offen!) zum Tanz auf. Wir sahen wie zwei Paradieskinder aus, beide mit nachlässigster Eleganz gekleidet, mit leuchtenden Kulleraugen und noch kindlicher Unschuld. Die Krämersfrau an der Ecke in Hlubočepy verlangte von uns weder Essensmarken noch Geld, am liebsten hätte sie uns wohl adoptiert. Das passierte uns ständig. Evička war still und passiv, ich redete wie ein Wasserfall und hatte Ideen für zwei, alle um uns herum lächelten gerührt ob des schönen Bildes, das wir abgaben, und meistens wünschten sie uns nur das Beste oder beneideten uns zutiefst. Noch Jahre später dachte ich oft und mit Nostalgie an meine Evička, sie war es, über die ich zehn Jahre später den letzten Gesang von »Nesmrtelná dívka« (»Die unsterbliche junge Frau«) schrieb, vor allem den abschließenden Teil, und noch heute würde ich sie gerne treffen. Aber seit dem Winter 1948/49 habe ich von ihr nichts mehr gehört.

Šmerda und Líba fuhren schon im Juni in die Sommerferien, und wir hatten die Slovanka für uns. Schon vorher hatte ich von zu Hause Grammophon und Platten angeschleppt, wir hörten bis zum Abwinken E. F. Burian, badeten am Fähranleger in der Moldau und bummelten in Prag herum. Jene Zeit vom Frühjahr bis zum Sommer 1948 erlebte ich unter seltsamen objektiven und subjektiven Bedingungen. Ich war doch noch ziemlich jung und verfügte über keine politischen Erfahrungen. Wie alle jungen Menschen neigte ich dazu, die Welt zu gradlinig zu sehen. Marxismus, Revolution, Aufbau der klassenlosen sozialistischen Gesellschaft, das alles lag klar und problemlos auf der Hand, und wer dagegen war, der war ein Reaktionär. Aber schon ein paar Wochen nach dem Siegreichen Februar konnte ich einige aus meiner Sicht eklatante Vorfälle nicht ignorieren. Beim Parteitag der tschechischen Kultur (oder wie die Veranstaltung hieß) hielt der frischgebackene Schulminister Zdeněk Nejedlý (der ungefähr ein Jahr zuvor bei einem Anblick von mir, der im Zentralkomitee des Verbandes der Sowjetisch-Tschechischen Freundschaft aushalf, verkündet hatte, die tschechische Jugend solle sich an mir ein Beispiel nehmen – was ihm auch Jahrzehnte später in Erfüllung gehen sollte) eine Rede, in der er den Romantik-Dichter Karel Hynek Mácha wenn nicht gerade zum Vertreter des dekadenten Bürgertums, dann jedenfalls zum negativen Exempel der tschechischen Kultur erklärte und den realistischen Schriftsteller Alois Jirásek zu deren wichtigstem Repräsentanten deklarierte. In den Kulturspalten von Zeitungen und Zeitschriften tauchten kämpferisch konservative Artikel auf. Kritický měsíčník von Václav Černý wurde eingestellt. Černý selbst war mir kein Vorbild, aber seine Monatszeitschrift für Kunst- und Literaturkritik war gut. Schon im Herbst 1947 hatte E. F. Burian mit einer kämpferischen Kampagne für sozialistischen Realismus losgelegt, und seine neuen Inszenierungen widerten mich an, bis ich allmählich aufhörte sein Theater zu frequentieren (nur »Liebe, Trotz und Tod« sah ich mir immer wieder an – auch mit Líba zusammen). Die ersten Anzeichen von Zensur tauchten auf. Die bei Otto Girgal angekündigten surrealistischen Publikationen wurden aus dem Verlagsprogramm gestrichen. Allmählich kündigte sich ein Feldzug gegen moderne Tanzformen und peu à peu auch gegen Jazz an. Das neue sozialistische Regime ließ rasch seine Vorliebe für nichtssagende widerliche Phrasen und Parolen erkennen und trat mit einem in unserem Breitengrad bis dahin unbekannten byzantinischen Pomp auf – nach der Wahl von Klement Gottwald zum Staatspräsidenten wurde zum Beispiel im Veitsdom auf der Prager Burg eine feierliche Messe gehalten. An diesem Tag war ich zufällig in Kladno und feixte während der Radioübertragung gemeinsam mit einem Typen aus dem Sekretariat des Jugendverbandes über den ganzen Prunk und die Herrlichkeit, merkte aber genau, wie seltsam vorsichtig sich mein Gegenüber gebärdete. Das Parteileben in meiner örtlichen Organisation fühlte sich zunehmend unaufrichtig an, immer stärker wurde es von oben eingeengt und zurechtgestutzt. Echte Volksinitiative oder Spontaneität verdampfte rasch. Sogar ich selbst konnte einige eklatante Anzeichen von Karrierismus nicht übersehen. Übrigens wurde auch mir ganz offensiv eine Karriere angeboten. So auf Anhieb habe ich nicht alles parat, was mir damals allmählich aufzustoßen begann, zumal ich ja außerdem versuchte, es möglichst nicht zur Kenntnis zu nehmen. Šmerda behielt die Situation gut im Auge. Auch wenn man mit ihm immer noch über die surrealistische Revolution sprechen konnte, achtete er schon sehr auf seine Ausdrucksweise und verurteilte immer häufiger die bürgerliche Kultur und Kunst inklusive des Jazz. Nolens volens spürte ich, dass ich in Isolation geriet. Und da tauchte Evička Čížková auf, und für ein paar Monate nahm ich alles außer ihr nicht mehr richtig wahr. Der Brief des Kominform über den Ausschluss von Jugoslawien schlug allerdings wie ein Blitz ein. Ausschluss jenes Jugoslawiens, das bei uns traditionell geliebt und von uns Jungen geradezu vergöttert wurde, obwohl es den abgedroschensten sozrealistischen Kunstkitsch produzierte (den mir die Genossen als Vorbild aufzwingen wollten). Ich erinnere mich, wie ich im Park vor Slovanka aufmerksam das Dokument studierte und mich um jeden Preis von seiner Berechtigung überzeugen wollte. Und ich hätte sie mir wohl auch eingebildet, wenn nicht gleichzeitig in unseren und sowjetischen Massenmedien eine widerliche Kampagne gegen Jugoslawien, Tito und seine Mitarbeiter losgetreten worden wäre, die binnen einiger Tage monströse Züge annahm und alles plötzlich in ein ganz anderes Licht stellte. Damit einher ging Verfolgung der Andersdenkenden – die ja bereits seit Februar kriminelle Formen angenommen hatte, sich aber bis dato nur gegen die »Reaktionäre« richtete, also hatte ich auch davor die Augen verschlossen, jetzt traf sie jedoch alle Schichten, besonders in Bezug auf Parteigenossen. Bei den Sitzungen wurde nicht mehr offen gesprochen, und man hielt sogar vor wildfremden Menschen lieber seine Zunge im Zaum. Diejenigen, die selbst Butter auf dem Kopf hatten, hetzten am lautesten. Menschen, die sonst ihre marxistische Überzeugung (weil eben nicht vorhanden) kaum unter Beweis hätten stellen können, bekamen nun eine billige

Chance, ihr Klassenbewusstsein zu demonstrieren. Indem sie gegen Jugoslawien hetzten, konnten sich gestrige Kleinbürger als zuverlässige Kommunisten legitimieren. Šmerda nahm jene Kominform-Deklaration ohne mit der Wimper zu zucken als heilige Wahrheit zur Kenntnis, und zwischen uns bildete sich unausgesprochen eine echte Demarkationslinie. Trotzdem hielt ich mit allen Kräften an unserer Freundschaft fest. Meine Einwände gegen die Verurteilung von Jugoslawien waren bis dahin ausschließlich platonisch, und ich wünschte mir aus vollem Herzen, sie nicht zu haben, aber das ging nicht. Die Verurteilung Jugoslawiens und der heimliche Frust über die neue Kulturpolitik lagen mir ganz schön schwer auf der Seele.

Ende Juli fuhr Evička mit ihren Eltern für ein paar Tage aufs Land. Ich war allein in Slovanka. Ab und an kam Líba vorbei. Es war ein wunderschöner Sommer. Aber ich fühlte mich bedrückt. Unter anderem schwirrte immer noch die ungelöste Frage in der Luft, was ich eigentlich tun sollte. Eine Parteikarriere lockte mich nun nicht mehr. Eines Morgens wachten Líba und ich auf, weil Šmerda in der Tür erschien. Er kam von einer Arbeitsbrigade zurück, war wohl die ganze Nacht unterwegs gewesen. Auf meine begeisterte Begrüßung reagierte er kaum. Ich ging auf die Toilette, und als ich wiederkam, weinte Líba, und Šmerda sagte ruhig, aber bestimmt, ich solle mich dort nie wieder blicken lassen. Auch ich fing an zu weinen – es zerriss mir das Herz, aber ich widersprach nicht.

Es dauerte vielleicht noch eine Woche, dann tauchte Evička auf. Ich hatte sie gebeten, rasch nach Prag zu kommen, mehr hatte ich nicht geschrieben. Wir trafen uns bei ihr zu Hause, die Eltern waren noch weg. Eine ganze Woche liebten wir uns dort, dann musste sie irgendwelche Verwandten besuchen und blieb die Nacht weg. Mir schwante Böses – das Ende. Sie kam erst am Vormittag zurück – und sagte, wir müssten uns trennen. Sie war noch nicht volljährig, man hätte sie sanktionieren können. In der Nacht hatte ich den Revolver ihres Vaters gefunden und wollte mich erschießen, aber ich wusste nicht, dass man die Waffe zuerst entsichern muss. Vor lauter Schmerz war ich fast ohnmächtig. Der bretonsche Traum, den ich das ganze Jahr gehegt und gepflegt hatte, war nun endgültig ausgeträumt. Es lag so viel Schmerz darin, aber auch so viel Schönheit, dass ich noch mehrere Jahre davon zehrte, auch wenn weitere, weitaus drastischere Wendepunkte meines Schicksals diesen Traum bald tief ins Unterbewusstsein schoben. Obwohl Šmerda und Líba fast unmittelbar darauf aus Hlubočepy wegzogen und das Schlösschen von der Armee einkassiert wurde, blieb das Viertel ein Wallfahrtsort für mich. Auch der profane Stadtteil Dejvice, wo ich die letzte Woche mit Evička verbracht hatte, behielt in meinen Augen jahrelang den Glanz eines Heiligtums. Jetzt war ich aber zum ersten Mal im Leben richtig am Boden zerstört.

ÜBER DREISSIG JAHRE LANG

Über dreißig Jahre lang plagten mich keine Zweifel an der Sinnhaftigkeit meiner Arbeit. Sie bescherte mir verschiedenste Depressionen, es gab immer wieder Zeiten, in denen ich unter Schreibblockaden litt, jedes Mal, bevor ich eine neue Arbeit in Angriff nahm, jammerte ich, dass ich nichts Ordentliches auf die Beine stellen würde, aber auch wenn ich mich meinen Arbeitsergebnissen mit größtmöglichem Pessimismus näherte, eins wusste ich genau: War mein Schreiben gut, ergab meine Arbeit einen Sinn. Erst seit meiner Verhaftung – heute vor mehr als einem Monat – empfinde ich meine Arbeit als sinnlos, ohne Wert und ohne Belang. Seit 1954 habe ich nicht mehr gesessen, und nun ist etwas sehr Feines in mir kaputtgegangen. Bevor man mich am 6. Mai nach Ruzyně gebracht hatte, hätte ich nur noch einen Biernachmittag am häuslichen Tisch gebraucht, um einen detaillierten Arbeitsplan vorzubereiten, und schon hätte ich mit der Niederschrift eines neuen Romans loslegen können. Jetzt mag ich an diese Arbeit nicht denken – und an eine andere schon gar nicht. Alles kommt mir so seicht vor. Seicht im Vergleich zu dem, was man tun oder zumindest schreiben müsste als Protest gegen das Unfassbare dieses Regimes, das Menschen verfolgt und schwer bestraft für solche in der Verfassung garantierte Tätigkeiten wie Verbreitung von künstlerischen und sonstigen Informationen. Meine Aufregung mag vielleicht lächerlich klingen, wir alle kennen ja die Situation, aber die persönliche Erfahrung hat in mir etwas verändert. (Nur meine Arbeit an der Geschichte der Philosophie erscheint mir noch sinnvoll, obwohl gerade die vermutlich das lächerlichste und unnötigste Unterfangen überhaupt darstellt.) Zuerst saß ich einen ganzen Tag im Kittchen und dachte, dass es nur um meine Person ginge. Das war grauenvoll, aber nachvollziehbar, weil in diesem Land kein anderer etwas mit meinem Schreiben Vergleichbares aufs Papier gebracht hatte, und hierzulande keine einflussreicheren Bücher als die meinen existierten. Ich konnte also verstehen, dass man mich eingebuchtet hatte, ich konnte es sogar als eine Art Katharsis akzeptieren, als Möglichkeit, endlich für meine »Vergehen« – die in einer anderen Welt allerdings keine Vergehen wären – zu büßen, damit ich danach angstfreier leben konnte. Habe ich einmal die Strafe abgesessen, so dachte ich im Stillen, werde ich mich nur noch auf die Geschichte der Philosophie konzentrieren – das wird doch jeder verstehen. Ich würde genug getan haben. Es wäre ganz logisch. Lediglich der Gedanke an Julie tat mir schrecklich weh und erfüllte mich mit Angst – weil es auch passieren konnte, dass ich nach all den Gefängnisjahren Julie nicht mehr sehen würde: Sie wäre inzwischen gestorben. Aber am nächsten Nachmittag stellte ich fest, dass ich nicht allein einsaß. Die Zellen um mich herum waren voll mit Gefangenen, die sich vom Fenster zu Fenster Grüße zuriefen. Und da überkam mich ein bisher unbekanntes Gefühl. Eine immense Begeisterung, eine Hochachtung vor den mutigen Menschen, die nicht wie ich wegen Dingen im Karzer landeten, die sie einfach tun mussten, weil sie sonst nicht hätten leben können, sondern die freiwillig

Dinge taten, die sie nicht hätten tun müssen und ohne die sie hätten prima leben können, wobei sie genau wussten, dass es sie früher oder später erwischen würde, dass sie hinter Gittern landen und ihre vier Jahre einkassieren würden. Außer Olga Havlová kannte ich keinen, und ich hatte nicht die geringste Ahnung, warum sie dort waren und warum man mich dazu geholt hatte, ich wusste nicht, um wen es sich handelte, aber sie kannten sich alle untereinander und sprachen sich mit Vornamen an, von denen ich nichts ableiten konnte und folglich auch beim Verhör nichts kapierte. Aber schon die Tatsache an sich, das Bewusstwerden und Begreifen des Fakts, dass es Menschen gab, die freiwillig und bei vollem Bewusstsein ihre Freiheit und die Persekution ihrer Familien aufs Spiel setzten, das alles ließ mich mein Schaffen aus einer ganz anderen Perspektive betrachten. Ich sage nicht, dass es die richtige Perspektive war, es war aber eine andere Perspektive. Mein ganzes Tun, alle meine Schreibvorhaben kamen mir auf einmal belanglos vor. Seit jenem Augenblick versuche ich alles Mögliche, um diese Einstellung zu meinem eigenen Schaffen zu verändern – aber nichts hilft. Weder Bier trinken oder chinesische Literatur studieren als Vorlage für mein Werk über chinesische Philosophie noch spazieren gehen – nichts hilft. Ein solcher Spaziergang fand gerade gestern statt. Endlich hatte ich Zeit zur Endstation der Metro Jižní Město hinauszufahren. Nur ein Katzensprung davon entfernt liegt der Teich Milíčov, an dem vor zehn Jahren »Dívka, která hledá Egona Bondyho« (Die junge Frau, die nach Egon Bondy sucht) ihre Wanderung beendete. Bis heute ist der Teich von Geheimnissen umgeben, und bis heute schweben dort Feen in der Luft. Lange saß ich am Ufer und sah den seltenen Wasservögeln und den Schwänen zu, die es dort vor zehn Jahren noch nicht gegeben hatte. Es fing an zu regnen. Durch ein lichtes Wäldchen kam ich nach Kateřinky, heute bereits ein Teil von Prag, und lief zum Újezd bei Průhonice (inzwischen auch eingemeindet) hinunter. Der Regen war warm. Der Schrebergarten von Líbas Eltern liegt eigentlich, wie mir klar wurde, in Průhonice, wenn auch direkt am Rand. Die Feldwege, die es dort vor mehr als dreißig Jahren gegeben hatte, sind heute gepflasterte Straßen mit Beleuchtung. Auf Parzellen, auf denen damals Holzhütten standen, befinden sich heute Villen in der Größe von Schlössern. Nur im Garten der Strouhals erhebt sich kein Schloss – dort werden erst die Fundamente gegraben –, aber ein Stück des Altans, in dem ich mit Evička Čížková gewesen war, steht noch da. Im Herbst 1949 hatte ich Líba Strouhalová auf der Brücke über der Schützeninsel getroffen und ihr unter anderem erzählt, wie ich in alten Zeitschriften des Kunstgewerbemuseums Abbildungen von faschistischen und nazistischen Plakaten aus der Zeit vor dem Zweiten Weltkrieg fand, deren Parolen und grafische Gestaltung den unseren kommunistischen zum Verwechseln ähnlich sahen. Sie blickte mich an, als wollte sie mich glatt beim erstbesten Polizisten denunzieren. Etwa zwölf Jahre später begegnete ich ihr zum zweiten und letzten Mal genau in diesem Garten. Da hasste sie alles, was nur entfernt mit Marxismus zu tun hatte, und mich, der gerade an der Philosophischen Fakultät seine Studien im Dialektischen Materialismus abschloss, starrte sie an, als wäre ich ein Mörder. Dabei war sie immer arm gewesen und ist es vermutlich bis heute geblieben, wenn im Garten erst jetzt Fundamente gegraben werden – wobei, wer weiß, ob es überhaupt ein Schloss werden würde. Mehr als dreißig

Jahre sind dahingeflossen, wer hätte gedacht, dass es darin Platz für ein ganzes Menschenleben gibt – und schon ist es zu spät.

AUF ZU KAREL TEIGE

Mein Vater schmiedete das Eisen, so lange es heiß war, und als ich da stand wie ein Bettler im Eisregen, redete er mir zu, mich an der neu gegründeten Politischen Hochschule anzumelden, die auch Leute ohne Abitur nahm. In dem Stress, in dem ich mich befand, sah es wie eine Lösung aus. Für die Aufnahmeprüfung brauchte ich mich nicht vorzubereiten, nach einem kurzen Exkurs über Marxismus nahmen sie mich mit Handkuss an. Man ahnte aber schon, dass das Ganze inzwischen zu einer ziemlichen Maskerade verkam. Neue Zeiten waren angebrochen, und die musste man erst zu verstehen lernen. Die Vorlesungen, die im Oktober anfingen, langweilten mich sehr (man brachte uns zum Beispiel noch das Wechselrecht bei), kein Vergleich zu dem, was ich im ersten Semester als Gasthörer an der Philosophischen Fakultät in Fächern Literatur und Sexuologie erlebte (an der Fakultät legte ich im Sommer auch die Staatsprüfung in Russisch ab). Da ich vom Zauber der Slovanka befreit war, stand ganz oben auf meiner Prioritätenliste, endlich ernsthaft mit dem Dichten anzufangen – und dafür musste ich unbedingt, so stand es für mich fest, Karel Teige kennenlernen. Darauf bereitete ich mich schon seit einem Jahr vor, fand aber nie die Zeit dazu. Jetzt brachte ich endlich ein paar Texte aufs Papier, die sich sehen lassen konnten – zum Beispiel die erste meiner »Povídky o lásce« (Erzählungen über die

Liebe) vom September 1948. Wie ich Teige genau kennenlernte, ist mir allerdings entfallen. Vermutlich bin ich zu ihm hin, und Teige brachte mich mit meinen Zeitgenossen zusammen, die bei ihm schon seit langem verkehrt hatten. Die spannendsten unter ihnen waren Karel Hynek, seine Freundin Jarmila (die sich später in der Partei und bei der Geheimpolizei hervortun sollte) und Vratislav Effenberger – der Rest tat sich durch nichts hervor. Aber in Mělník lebte Oldřich Wenzl, dessen Bekanntschaft ich später besonders aufregend fand, in der Nachbarschaft dann ein gewisser Zuska, ein Grundschullehrer, der uns später ganz entschwand. Außerdem gab es noch eine Ketzergruppe, die Surrealisten aus Prag Spořilov, angeführt von Zbyněk Havlíček, den Teige aufrichtig hasste. Ich selbst scharte im Laufe der Zeit ein paar blutjunge Bengel um mich, und Teige nannte uns mit Abscheu »Fišer und seine Hooligans«. Am meisten muss ihn genervt haben, dass wir bei ihm immer spät nachts aufkreuzten und über verschiedenste Aktionen spintisierten, die dann doch nie zustande kamen. Aber das alles spielte sich erst ein paar Monate später ab.

Mit den Surrealisten nahm ich gleich im Herbst 1948 Kontakt auf. In der Zeit traf ich mich noch einmal vor der UMPRUM mit Šmerda, vielleicht, um ihn nach einer Zusammenarbeit zu fragen, und Šmerda bezeichnete mich als Trotzkist, was ich empört zurückwies. Aber da schlug die Uhr schon fast zwölf – nur ein paar Wochen später war ich ein Trotzkist aus Überzeugung.

Allerdings ein sehr aktionswilliger Trotzkist, was Teige zu der Behauptung verleitete, ich trüge in den Surrealismus stalinistische Methoden hinein. Ich wiederum mochte nicht, dass wir während unserer Zusammenkünfte amerikanische Nachrichtensendungen hörten oder sie zumindest diskutierten, Teige war ausschließlich proamerikanisch orientiert – er rechnete mit baldigem Krieg und sehnte ihn geradezu herbei. Für die Sowjetunion hatte er kein gutes Wort übrig, und das fand ich schon ein bisschen komisch. Und die anderen jungen Surrealisten sekundierten ihm darin. Für Marxismus interessierte sich vielleicht Effenberger ein bisschen (der später allerdings zum großen Kenner des Revolutionsmarxismus werden sollte), in Spořilov wiederum (wie ich später erfahren sollte) dann Havlíček, der den Marxismus allerdings mit Freudismus paarte (was wohl damals auch der bretonschen Intention entsprach, da machte auch Effenberger pflichtbewusst mit). Ich selbst suchte wiederum nach Anhängern des Revolutionsmarxismus, und es gelang mir sogar, ein paar zu finden – das Schicksal trieb diese jungen Männer allerdings wieder vom Marxismus weg, manchmal bis zum äußersten Katholizismus. Ansonsten gab es unter uns Surrealisten einen regen Verkehr, die surrealistischen Gruppierungen waren atmosphärisch noch intakt – was vielleicht irgendwo auch noch heute der Fall ist. Dichterisch am weitesten waren Hynek und Wenzl, der mir bei meinem Besuch in Mělník beim Vorlesen seiner Gedichte gleichzeitig Fotos aus dem Familienalbum zeigte, in dem sich die Gesichter seiner Vorfahren mit Momentaufnahmen von Geschlechtsorganen und Fotos von Leo Dawidowitsch Trotzki abwechselten. Nett, für meinen Geschmack aber doch ein bisschen zu dekadent. In Spořilov empfing mich (der kleinwüchsige) Havlíček als echter Haruspex des Surrealismus inmitten einer Phalanx seiner Getreuen auf einem Barhocker, von seinen Leuten stach am stärksten der sattelfeste Parteigänger

Zbyněk Sekal hervor, er war der Älteste von uns – im Krieg auch in Mauthausen gewesen. Seine Texte waren allerdings ziemlich schwach, das sollte auch so bleiben, dafür schrieb Havlíček eine ganz spezielle hermeneutische Poesie, auf die er sehr stolz war. Sein Zerwürfnis mit Teige kam wegen seiner schlechten Übersetzung der »Geschichte des Surrealismus« von Maurice Nadeau zustande, die der wutschnaubende Teige komplett neu übersetzen musste.

Die Gruppe um Teige traf sich im Café Pod Kinskou (Westende, wie Teige sagte), außerdem kamen wir oft auch bei Effenberger zusammen, wo wir verschiedenste surrealistische Spiele spielten, gute (»Der köstliche Leichnam« und ähnlich assoziativ geschriebene Gedichte) wie auch schlechte.

Ich spürte, dass ich einen Ersatz für Slovanka gefunden hatte. Außerdem bildete sich um mich herum allmählich eine Clique von ein paar besonders exquisiten Knalltüten, Herda, der später mehrere Jahre im Knast verbringen sollte und den ich seit Anfang der 1950er Jahre nicht mehr gesehen habe, Ivo Vodseďálek, Hanes Reegen, ein gewisser Říha, sogar Miroslav Lamač, später ein versnobter Kunstkritiker, der sich damals aber noch als Maler versuchte. Über ihn kam auch Alexej Kusák zu uns, Neffe des rasch aufsteigenden späteren Justiz- und Verteidigungsministers Alexej Čepička, der später die übliche Verwandlung vom stalinistischen Scharfmacher zum Emigranten vollzog und nach August 1968 irgendwo beim Deutschlandfunk oder Radio Freies Europa landete.

Auch wenn ich immer noch Illusionen über eine mögliche marxistische Richtigstellung hegte, war ich mir über den Charakter unseres Regimes schon im Herbst 1948 im Klaren. Die terroristische Verfolgung durch die Polizei hatte noch nicht angefangen, aber in den Zeitungen wimmelte es von Hetzartikeln jeglicher Couleur – unter anderem auch gegen Teige und das Magazin Kvart. Wie viele andere wurde auch die Brünner Zeitschrift Blok verboten. Die Künstlervereinigung Skupina 42 spaltete sich in einen sozrealistischen und einen modernistischen Teil und löste sich somit auf, für Vertreter der modernen Kunst gab es keine Stätte mehr, wo sie ihr Haupt hätten betten können. Doch ich wollte illegal einen surrealistischen Sammelband herausgeben und weiterhin surrealistische Aktivitäten jeder Art betreiben – wie zum Beispiel surrealistische Gedichte im gemieteten Bus rezitieren und so weiter. Eine meiner Ideen wurde auch fast realisiert: Der Sammelband wurde in einhundert Exemplaren vervielfältigt, die Verteilung schafften wir nicht mehr, die Texte wurden später bei Honza Krejcarová beschlagnahmt. Das, was den Sammelband noch heute erwähnenswert macht, ist die Tatsache, dass wir uns aus Protest gegen den erneut aufflammenden Antisemitismus jüdische Pseudonyme zulegten. Die anderen legten sie später wieder ab – ich verwendete meins weiter und behielt es bis heute.

UND WIEDER ALLES IM ARSCH

Inzwischen neigte sich mein erstes Semester dem Ende zu. Zum Unterricht gehörte auch eine intensive vierzehntägige Schulung für Kreisfunktionäre der KSČ – Einsatzbereich Hochschulen –, da war ich natürlich der Beste. Vor mir zeichnete sich deutlich eine mögliche Karriere ab, die auch tatsächlich von vielen meiner Zeitgenossen beschritten wurde, die die Jahre des Stalinismus unter dem Deckmäntelchen der Heuchelei überstanden und »später nur noch auf Rache sannen«, wie es 1968 mit göttlicher Naivität Ludvík Vaculík, Milan Kundera und andere zum Ausdruck brachten. Jetzt aber hatten wir Weihnachten 1948, und ich wollte mich allmählich auf die Prüfungen vorbereiten. Am Vorabend des Tages, an dem ich loslegen wollte, kam ich von einem Trinkgelage nach Hause und fand eine Notiz auf dem Tisch – eine junge Frau hätte mich gesucht, die mich wohl gerne kennenlernen wollte. Für einen Achtzehnjährigen wirkt so etwas natürlich unglaublich motivierend, also begab ich mich gleich am nächsten Morgen zu der genannten Adresse. Später sollte sie geradezu berühmt werden – die Nummer weiß ich aber nicht mehr genau: Horní Stromky in Vinohrady, gleich hinter dem Platz Jiřího z Lobkovic.

Durch den Türspalt blinzelte mich eine verschlafene junge Frau im Nachthemd an. Sie bat mich herein, ließ die Tür aber nur fingerbreit offen. Da ich dachte, sie wollte sich anziehen, wartete ich im Treppenhaus. Aber sie rief mich immer wieder herein. Also quetschte ich mich gemäß ihrer Anweisung durch den Spalt, und einmal in der Wohnung, war mir die Ursache jener technischen Störung sofort klar: Der Flur war voll mit wochenlang ungewaschenem Geschirr aus teuerstem Porzellan, unzähligen Kleidern, Dessous und Bettwäsche – Reichtümern, die sich in der damaligen Zeit jedweder Schätzung entzogen –, so dass sich die Tür nicht öffnen ließ. Dasselbe Bild bot sich in der Toilette und in der Speisekammer dar, vom Zimmer blieb wenigstens ein Großteil frei. In der Luft lag der Duft von Alkoholika – auch das eine absolute Seltenheit, nach dem Februar war es noch schwieriger an Alkohol heranzukommen als im Krieg. Die junge Frau im Nachthemd hieß Honza Krejcarová, sie war ziemlich korpulent, weil im sechsten Monat schwanger, und sie hatte verschwiemelte Augen, weil sie kurzsichtig war und schielte. Außerdem hatte sie die Nacht davor mit Gabina gezecht, der ersten Frau von Mikuláš Medek, von der sich dieser gerade scheiden ließ. Ich betrat die Wohnung und verließ sie erst drei Wochen später, als ich ganz dringend frische Wäsche brauchte.

Die Zeit zwischen jenem Tag und Mitte März 1949, als ich mich in der Klapse wiederfand, gleicht in meiner Erinnerung einem nicht entwirrbaren Strudel von Erlebnissen, die für meine Zukunft eine noch größere Bedeutung haben sollten als die bittersüße Idylle von Slovanka. In diesem Chaos wirbeln meine alten und neuen Freunde – Karel Teige, Záviš Kalandra – nebst surrealistischen Meetings, den Prager Bars und meinem Vater herum, untrennbar zusammengeschweißt in ein nicht auseinanderzufriemelndes Durcheinander. Einzelne Erlebnisse werden ohne Rücksicht auf Chronologie an die Oberfläche meines Gedächtnisses katapultiert, die meisten davon schmerzlich, weil Honza Krejcarová einem Naturelement glich, sie behandelte alles und alle um sie herum mit einer absoluten Gleichgültigkeit, schmerzvoll und faszinierend zugleich. Ihrer Anziehungskraft konnte sich keiner entziehen – es sei denn, man hätte sich eine kürzere oder längere Zeit buchstäblich vor Honza versteckt, aber auch dann, auch Jahre später, konnte man ihr wieder verfallen. Das galt nicht nur für mich oder Černý, wir beide haben es bloß am schlimmsten abbekommen, sondern für alle, mit denen Honza in Berührung kam. Zeitzeugen können es bestätigen. Deswegen kann ich über meine Erlebnisse mit Honza unmöglich im Detail berichten – damit würde ich ganze Bücher vollschreiben, weitere Bücher würde Černý verfassen, und Dutzende und Aberdutzende andere Menschen würden noch weitere Kapitel hinzufügen. Die Menge von Honzas Liebhabern (und Liebhaberinnen) überstieg die Hunderte, und auch wer nur einmal mit ihr geschlafen hat, fühlte sich wie von einem Sandsack erschlagen. Und das nicht, weil sie in puncto Sex weiß Gott besonders raffiniert oder exzentrisch gewesen wäre. Es war ihre komplexe Persönlichkeit, die einen unvergesslichen Eindruck hinterließ. Honza war extrem witzig, dazu war sie von Natur aus fröhlich und lachte gern. Ihr Humor war allerdings sehr bissig und ging oft auf Kosten ihres Gegenübers. Zweifelsohne war sie sehr intelligent, aber kein Blaustrumpf. Sie war außerordentlich faul, aber ihr Schicksal und ihre phantastischen unrealisierbaren Ideen brachten sie immer wieder in Situationen, in denen sie sich mächtig abstrampeln musste. Eine typische dégénérée supérieure, die unerschöpfliche Reichtümer gebraucht hätte, denn sie gab alles, was ihr gerade zur Verfügung stand, mit vollen Händen aus, an ihre alten Tage dachte sie dabei nie, und wenn überhaupt, dann vielleicht später, als ich nicht mehr mit ihr verkehrte und auch nichts mehr von ihr hörte. Ohne Frage gab es und gibt es immer noch eine ganze Reihe von Menschen, die ihr mit Misstrauen und Hass begegneten – Effenberger stellte Honza als Prototyp der Ruchlosigkeit dar, viele Menschen hatten Angst vor ihr und legten großen Wert darauf, ihr nicht in die Quere zu kommen. Es gab aber auch solche, die Honza geliebt und verehrt hatten und die es noch heute tun, so wie ich. Sie ist Anfang dieses Jahres gestorben, und Julie ging zu ihrer Beerdigung, während ich in Hlinsko über indische Philosophie schrieb. Fast im gleichen Moment, als man sie in den Ofen schob, fiel mir der Stift aus der Hand.

Sobald ich mich damals in ihrer Wohnung hingesetzt hatte, war jeder Gedanke an eine Prüfung wie weggeblasen. Schon wieder war alles im Arsch, und im Vergleich zu der nun aufziehenden Zeit in der Hölle war die von Rimbaud eine richtige Idylle.

SCHÖN BIS ZUM WAHNSINN

Honza war schön bis zum Wahnsinn, und sie hat mich auch in den Wahnsinn getrieben. Das sollte sich aber noch drei Monate hinziehen. Am ersten Tag telefonierte ich alle meine Freunde herbei. Wir tranken und waren verzückt. Abends nahmen Honza und ich ein Taxi und machten Teige, Honzas Patenonkel, unsere Aufwartung. Auf dem Rückweg sagte ich ihr auf dem inzwischen mitternächtlichen Wenzelsplatz, dass ich sie liebte. Sie lachte. Sie steckte gerade mitten in der Scheidung, war im sechsten Monat schwanger (was ich allerdings noch nicht wusste) und verguckt in Zbyněk Havlíček, der vor ihr ganz stark auf der Hut war (was ich auch noch nicht wusste). Übrigens waren wir uns mal bei ihm kurz begegnet, und sie hatte es gleich auf mich abgesehen. Deswegen ihr Besuch bei uns in Podolí.

In Horní Stromky tranken wir bis zu Silvester schwarz gebrannten Curaçao, mit dem uns der damals noch unbekannte Neprakta belieferte. Dann bugsierte mich Honza aus der Wohnung, von wegen wir müssen Kalandra besuchen. Sie kannte ganz Prag, ihr Vater war ja der Architekt Jaromír Krejcar (damals schon in der Emigration) und ihre Mutter die Journalistin Milena Jesenská. Aber das Datum war doch etwas ungünstig, und Kalandra komplimentierte uns bald höflich hinaus. Damals hatte ich bereits sein »České pohanství« (Tschechisches Hei-

dentum) gelesen wie auch die Artikel, die er während der
1. Tschechoslowakischen Republik geschrieben hatte, und
war restlos begeistert, endlich einen echten, unverfälsch-
ten Trotzkisten alter Prägung kennengelernt zu haben.
Danach begaben wir uns in die immer noch existierende
Bar Pygmalion, aber Honza war es dort nicht extravagant
genug, also machten wir uns auf den Weg nach Mělník zu
Wenzl und setzten uns mit nur zwei Flaschen Schampus
in einen eisigen, menschenleeren Zug. Die Fahrt dauerte
an die drei Stunden, und nach dem Sekt hatten wir einen
furchtbaren Durst. Der Moment, als wir bei Wenzl ankamen und das Bett seiner seligen Mama kaperten, wird
ihn wohl bis ans Ende seiner Tage verfolgt haben. Kurz
darauf fuhren wir weiter nach Voznice, wo Honza ein
Häuschen hatte, auch dort blieb unsere Invasion bei der
gesamten Peták-Verwandtschaft noch nach Jahren unver-
gessen. Und zurück nach Prag und zu den Medeks und
wieder nach Horní Stromky. Wir tippten »Die Eroberung
des Irrationalen« von Salvador Dalí ab, Havlíčeks Übersetzung von Sigmund Freuds »Das Ich und das Es« und
haufenweise andere Texte, gemeinsam mit Hynek spielten
wir das von Honza ad hoc entwickelte Spiel improvisierter
Pornodialoge, die wir gleichzeitig in die Tastatur hackten
(da muss die Staatssicherheit später eine Freude gehabt haben!), veranstalteten surrealistische Abende, veräppelten
die jungen Männer, denen Honza den Kopf verdreht hatte, scheuchten in frühen Morgenstunden Teige aus dem
Bett und statteten Kalandra zu gesitteter Zeit höfliche Besuche ab – und immer noch hatten wir nicht miteinander
geschlafen, wir liefen bloß nackt durch die Wohnung und
witzelten herum. Honza ließ abtreiben, und während ich
vergrippt auf einer Couch vor mich hindämmerte, schlief

sie auf der anderen mit Fanda Jůzek – was wohl aus dem geworden ist? Dieser Fanda Jůzek, schon damals ein zwielichtiger kleiner Beamter, dessen einziges Verdienst darin bestand, als treuer Schatten von Zbyněk Havlíček zu fungieren, könnte heute als Einziger noch die kurz davor entstandenen Gedichte von Honza besitzen, die ziemlich gewaltsam konstruierten »Texty z terapie« (Texte aus der Therapie), und die sexuelle Lyrik »Zahrádka otce mého« (Im Garten meines Vaters), so offenherzig und gleichzeitig dermaßen lakonisch serviert, dass es einem den Atem verschlug. Der Titel »Zahrádka otce mého« ist ein Vers aus Jelíneks Übersetzung von »Auprès de ma blonde« – unserer Erkennungsmelodie, die meine Freunde und ich noch etliche Jahre weiter benutzten – und gleichzeitig eine Anspielung auf Honzas Beischlaf mit ihrem Vater, den sie immer wieder genüsslich erwähnte. Honza und ich sangen beide gerne – noch nach Jahren, wenn wir uns in regelmäßigen Abständen immer wieder ineinander verliebten, konnten wir singend ganze Stunden verbringen – und Honza brachte mir eine Menge Volkslieder bei, die für mich seitdem eine nostalgische Färbung haben. Wir standen im Dunkeln am Fenster, von dem man weit, bis in das Tal von Vršovice blickte, dort wurde damals eine der ersten Plattenbausiedlungen errichtet, Spořilov, der Wohnort des famosen Zbyněk Havlíček, und Honza spulte ein trauriges Lied nach dem anderen ab. Schon wieder Poesie, aber um einiges härter als die von Slovanka. Ein- oder zweimal versuchte ich, mit ziemlichem Erfolg, das furchtbare Chaos im Flur und im Bad zu bändigen, aber Honza brauchte nur ein paar Tage, und schon war alles wieder dreckig. Ihre – gelinde gesagt – Unordnung ist bis heute legendär, und ich kann bezeugen, dass sie jeden vorstellbaren Rahmen sprengte, schon damals und auch später, wenn sie sich eine Wohnung leisten konnte. Vielleicht war die Unordnung später geringer geworden, weil sie weniger Zeug und weniger Klamotten besaß. In Stromky gab es das alles noch im Überfluss, und entsprechend sah es dort mit Ordnung und Hygiene aus. Manche sagten, Saustall sei in dem Zusammenhang zu schwach – und es stimmt: Es gab überhaupt kein Wort dafür. Im Vergleich zu Honza zeichnen sich Zigeuner durch eine gepflegte Wohnkultur aus.

Die letzten Freunde, die ich im Vorfrühling 1949 bei Honza eingeführt hatte, waren Miloš Černý und Blanka Sochorová. Beide waren blutjung, und beide betraten Honzas Leben mit großem Knall. Blanka, von Honza angestiftet, ließ einiges von zu Hause mitgehen und wurde so zur unmittelbaren Ursache von Honzas erster Verhaftung. Černý war der Einzige von uns, mit dem Honza am Ende auch schlief, und er blieb ähnlich fatal an sie gebunden wie ich. Das alles passierte aber erst, als ich nicht mehr dabei war.

Nachdem mein zweiter Monat bei Honza ins Land gezogen war, lagen meine Nerven allmählich blank, und ich überlegte, ob ich hier nicht meine Zeit verplemperte, das Ganze war zwar faszinierend, aber für die Katz, ein unentwirrbares Kuddelmuddel, aus dem nichts Gescheites entstehen konnte, und ich versuchte mich nach Hause abzusetzen. Aber egal, wie oft ich es tat, jedes Mal kam Honza im Taxi angerauscht, bekniete oder beschimpfte mich und schleifte mich wieder zurück zu sich. Mich ihr zu widersetzen schaffte ich nie. Laierkastenmäßig sagte ich mir auf, dass ich sie nicht mehr liebte, aber trotzdem trottete ich ihr hinterher wie ein Schaf zur Schlachtbank.

Und die Endlosschleife von Wahnsinn und gegenseitigem Aufgeilen ging wieder los. Ich war zu stolz, um bei ihr zu betteln, und zu empfindlich, um die derbe Anmache stoisch vertragen zu können. Zum Schluss reagierte ich nur noch verwirrt und neurotisch. Meine Nerven waren einfach überstrapaziert. Damals waren unter den Surrealisten, sogar auch unter den Existenzialisten, geistige Störungen sehr en vogue. Also packte ich die Gelegenheit am Schopf und begann meine Reaktionen zu überspielen. Auch mein Vater ergriff die Gelegenheit und brachte mich eines schönen Tages in die Klapse nach Bohnice, eine Lösung, die auch mir würdig und interessant vorkam. Schon am nächsten Tag hatte mich Honza vergessen.

MNÍŠEK UNTERM HERZEN

Mein Aufenthalt in der Klapse vom März bis April 1949 war nicht uninteressant, ich machte dort Bekanntschaft mit Dr. Skokan, der sich in den okkulten Kreisen Prags großer Bekanntheit erfreute, diese Seite von ihm lernte ich damals nicht kennen, er führte mich jedoch in die Lektüre von Jung ein; auch dem Maler Josef Lehoučka begegnete ich dort, er war in Bohnice gelandet, weil seine Freundin Emila eine Beziehung mit Medek angefangen hatte. Prag ist klein. Zum ersten Mal las ich den »Anti-Dühring« und was weiß ich noch alles und hielt mich für vollkommen geheilt von meiner Beziehung zu Honza, von der ich nur wusste, dass sie viele meiner Bücher und Anziehsachen, die bei ihr geblieben waren, verscherbelt hatte, und schließlich eingelocht wurde. Ich hatte nicht im Geringsten vor, mich noch weiter um sie zu kümmern.

Als ich nach Hause kam, wusste ich nicht genau, wie es weitergehen sollte, also nahm ich mein altes Leben wieder auf, das ich vor Honza geführt hatte. Ich saß in Mánes herum und traf mich mit den Surrealisten. Aber es dauerte nicht lange, und Honza tauchte auf, nachdem sie auf Bewährung entlassen worden war – keine Ahnung, wie sie das zustande brachte. Das war heftig. Nicht einmal reden wollte ich mit ihr. Ich wusste ja schon von ihrer Beziehung mit Černý. Aber Honza weinte, jammerte und schwor tausend Eide, dass ihre Liebe immer einzig und allein mir galt – und noch am gleichen Abend landeten wir zum ersten Mal gemeinsam im Bett, sogar bei mir zu Hause in Podolí. Es war Juli, das machte es einfacher, bei Freunden zu übernachten, am häufigsten schliefen wir bei Vodseďálek, denn alle waren im Urlaub. Die Wahnsinnsmühle ging wieder los, und Honza, die man verdonnert hatte, als Ersatz für das Diebesgut unter anderem das Häuschen in Voznice zu verkaufen, kurbelte mit ihrem restlichen Geld diesen Wahnsinn noch an. Nur in Mánes jagten wir uns bei einem 48-stündigen Marathon vierzigtausend Kronen durch die Gurgel. Innerhalb kürzester Zeit standen wir ohne Geld und ohne Dach überm Kopf da. Honza fing an, die erste aus der unendlichen Reihe ihrer hirnverbrannten Ideen zu entwickeln, und zwar, dass sie ihren Lebensunterhalt mit der Herstellung von Knöpfen oder dem Nähen von Modellkleidern bestreiten würde, im Laufe der Jahre vervollkommnete sie solche Ideen, und sie wurden immer großartiger. Um welchen Plan es sich damals handelte, das kann ich nicht mehr rekonstruieren, das Schicksalhafte daran war ihr Entschluss, von Prag aufs Land zu ziehen, wo man leichter Unterkunft finden würde. Für mich war es buchstäblich eine Reise ins Unbekannte, denn im Gegensatz zu meinen Zeitgenossen, die zur Ausübung verschiedenster Sportarten ins Riesengebirge oder an die Sázava oder weiß der Teufel wohin reisten, hatte ich als orthodoxer Surrealist nicht für einen Tag den Großstadtboden verlassen, hinter der Straßenbahnendhaltestelle breitete sich für mich die Wüste aus. Aber nun stellten Honza und ich uns unter den Felshängen von Barrandov an die Straße und trampten Richtung Süden, vermutlich mit der vagen Vorstellung im Kopf, dass wir in Voznice, wo man noch Honzas Großvater kannte und schätzte, eine Bleibe finden könnten. Den Moment, als wir Ende August oder Anfang September gemeinsam mit irgendwelchen jungen Kommunisten auf der Ladefläche eines Lasters Prag verließen und alle gemeinsam das Tschapajew-Lied grölten, diesen Moment habe ich noch genau in Erinnerung. Aber sie waren unterwegs, um den Sozialismus aufbauen, wobei wir nicht wussten, was wir am nächsten Morgen zu beißen haben würden.

Wie es dazu kam, dass wir gleich am Anfang in Mníšek ins Wirtshaus Sokolovna zogen, das ist mir entfallen. Wir bewohnten dort ein angenehmes Zimmer direkt unter dem Dach, von wo wir über das sanfte Tal von Mníšek blickten. Damals war das Städtchen wirklich noch sehr klein. Aber ohne einen lumpigen Heller in der Tasche konnten wir auf Prag nicht verzichten. Wir mussten hin, um uns wenigstens Geld zu leihen oder zumindest Lederschnipsel für die Lederknöpfe aufzutreiben. Also trampten wir am nächsten Tag zurück. Warum sich dann die Dinge so und nicht anders entwickelten, das ist mir ebenfalls entfallen. Vermutlich waren die finanziellen Möglichkeiten aller Bekannten inklusive meines Vaters rasch ausgeschöpft. Eines Tages – jedenfalls sehr bald nach unserem Einzug nach Mníšek – liefen wir vormittags durch die Prager Altstadt und hatten nichts zu beißen. Und wenn Honza Hunger hatte, war sie unerträglich. Bis heute weiß ich, wo genau es passiert war. In der Heißmangel an der Ecke der Dušní Straße – heute gibt es längst einen anderen Laden dort. In dieser Mangel fragten wir zum ersten Mal nach Geld. Die Wäschefrau war gerührt – später stellte sich heraus, dass die Heißmangelfrauen im Allgemeinen leicht zu rühren waren – und schenkte uns hundert Kronen, das heißt zwanzig Kronen der heutigen Währung. So fing unsere Bettlerkarriere an.

Morgens verließen wir per Autostopp Mníšek – die alte Straße nach Prag gibt es längst nicht mehr –, mittags erreichten wir die Stadt, liefen ein paar Stunden lang bettelnd von einem Laden zum anderen und kehrten abends wieder per Autostopp, oder, als es später früh dunkel wurde, mit dem Bus nach Mníšek zurück. Als Menschen ohne feste Arbeit hatten wir keine Lebensmittelkarten, und so konnten wir einzig und allein in gehobenen Restaurants essen, wo man ohne Bezugsschein nur schwarz bezahlen konnte, und das war teuer. Täglich mussten wir also relativ hohe Summen erbetteln. Wie fertig wir da mit den Nerven waren, das spottet jeder Beschreibung. Das ständige Theaterspielen, meine Schwester wäre gerade aus dem Krankenhaus entlassen worden und bräuchte Geld für die Zugfahrkarte, oder meiner Schwester wäre richtig übel geworden, und sie bräuchte Geld für einen Krankenwagen, die Kinder von meiner Schwester würden vor Hunger zu Hause heulen und so weiter. Meistens warf man uns sofort raus oder drohte mit der Polizei, wir wurden beschimpft und gedemütigt, Honza wurde Geld gegen Sex angeboten, ab und an kriegten wir ein Stück Brot, ein bisschen Suppe, ein Brötchen. Geld gab es selten. Und bis zum Abend mussten wir zumindest die Busfahrkarte erbettelt haben und jede Woche unbedingt noch die Zimmermiete aufbringen. Honza war eine unerschöpfliche Quelle vom Spaß, Spaß vom härtesten Kaliber, aber auch ihre Energie ging zur Neige, und sie bekam fürchterliche hysterische Anfälle. In dieser Stimmung absolvierten wir also unsere Betteltouren. Methodisch arbeiteten wir uns Straße für Straße und Viertel für Viertel vor. Es brauchte lange, bis ich mich später in Prag wieder entspannt fortbewegen konnte. Müde und wie gerädert kehrten wir nach

Mníšek zurück, die Angst vor dem darauffolgenden Tag steckte uns in den Knochen. Wie um dem Ganzen die Krone aufzusetzen, baggerte Honza wieder Černý an, der sich wie durch ein Wunder immer noch auf dem Gymnasium hielt und ihr gegenüber genauso wehrlos war wie ich. Immerhin brachte sie ihn nicht von zu Hause weg. Daraufhin wurde ich bockig, weigerte mich, mit Honza zu schlafen, wechselweise dann wiederum sie mit mir, und so verbrachten wir Wochen mit regelrecht ausgefransten Nerven. Vom Spaß blieb am Ende kaum etwas übrig. Uns zu trennen schafften wir nicht, den Teufelskreis der sich gegenseitig bedingenden Trägheitsmomente durchbrechen konnten wir auch nicht. Es war die Hölle. Gleichzeitig wurden um uns herum alle verfolgt, die dem Regime unbequem waren. Die kleinen Läden, in denen wir bettelten, wurden enteignet. Menschen, die wir in der Hauptstadt trafen, wussten selber nicht, wo ihnen der Kopf stand. Allmählich ging die Macht in die Hände der Polizei über, die Massenmedien huldigten ihrer Manie für Spione und zeigten an jeder Ecke mit dem Finger auf Diversanten, der Kampf gegen arbeitsscheue Elemente war im vollen Gang, die Konzentrationslager füllten sich, erste Hinrichtungen wurden vorbereitet, jeder fürchtete sich vor seinem Nächsten – die Denunziation erlebte ihre Blütezeit, Schwarzmarkthandel und der Verkauf von Nahrungsmitteln ohne Lebensmittelkarten wurden exemplarisch verfolgt, und gleichzeitig wurde überall begeistert der Aufbau des Sozialismus bejubelt, eine Sitzung folgte auf die nächste, eine Flaggenparade auf die andere, Lobreden auf Stalin und die UdSSR schossen wie Pilze aus dem Boden, die Mythologie der Arbeit war im Entstehen, erste Stoßbrigaden, die Aktivistenbewegung in der Schrau-

benfabrik von Libčice, Bau der Jugend im sogenannten
»Donbass« von Kunčice, Kampf gegen die Tito-Anhänger
(alias Agenten von Hitler) und Trotzkisten, sozrealistische
Plakate von Čumpelík, Pelc a Kukryniksy – und inmitten des Ganzen wir beide, zwei Wahnsinnige, die vom
Betteln lebten, und zwar auf einem solchen Niveau, dass
die nur ein bisschen jüngeren amerikanischen Beatniks
panisch das Weite gesucht hätten. In dem ganzen Chaos
statteten wir noch den Surrealisten unsere Besuche ab, die
uns aber immer suspekter fanden, wir schauten bei Teige
vorbei, und auch bei Kalandra, der uns als Einziger mit
gleichbleibender Innigkeit behandelte, sogar Vladimír
Boudník lernten wir kennen, den ich zwar flüchtig von
früher gekannt hatte, ihn aber nun für ein paar Tage zu
uns nach Mníšek einlud. Boudník, der damals schon sein
1. Manifest des Explosialismus verfasst hatte, hörte bei
dieser Gelegenheit zum ersten Mal vom Surrealismus, von
Salvador Dalí, von der Décalque-Technik und von der
paranoisch-kritischen Methode und so weiter, das alles
fand er richtig faszinierend, aber gleichzeitig litt er wie ein
Tier, weil Honza, die mich an den Tagen allein nach Prag
zum Betteln schickte, sich halbnackt im Bett aalte und
hoffte, ihn flachzulegen, was allerdings nicht sein Ding
war. Ende Oktober warf man uns aus dem Wirtshaus raus,
weil Zimmer für die Arbeiter der entstehenden Erzauf-
bereitungsanlage von Mníšek benötigt wurden, und wir
zogen nach Dobříš in ein kleines Hotel um. Das war der
Anfang vom Ende. Wir fielen der in Dobříš angesiedelten
Kreispolizei (damals war Dobříš eine Kreisstadt!) auf, und
an einem Tag, an dem wir zufällig gerade nicht nach Prag
fuhren, nahm man uns im Hotel fest. Wie es der Zufall
so wollte, hatten Honza und ich uns ausgerechnet an dem

Tag wieder versöhnt und miteinander geschlafen. Honza wurde in den Gemeindearrest mitten auf dem Marktplatz gebracht, mich mit meinem losen Mundwerk schickte man nach Hause, damit ich Geld für unsere Hotelzimmerschulden holte. Nachdem das erledigt war, packte ich im Hotel unsere Siebensachen zusammen und fuhr blutenden Herzens zurück nach Hause. Dort erwartete mich eine eiskalte Dusche. In Honzas winzigem Beutel fand ich einen auf den gleichen Tag datierten Brief, in dem sie unter Zuhilfenahme aller ihrer originellen sexuellen Phantasien eine Einladung an Černý schrieb. Ich beschloss, ihr keine einzige Träne nachzuweinen. Versorgte sie noch in Dobříš mit Zigaretten und war mir sicher, definitiv meine Ruhe vor ihr zu haben.

WELCHES ENDE ES NAHM, UND WAS ALLES NOCH GESCHAH

Mit dem Gefühl wohlverdienter Entspannung setzte ich mich wieder in den Lesesaal des Kunstgewerbemuseums, wo wir auch während unserer Bettelzeit fast tägliche Gäste gewesen waren und das ich selbst schon seit meiner Tage in Slovanka am häufigsten frequentierte (und es noch viele Jahre tun sollte). Seit Herbst 1948, während eines einzigen Jahrs also, haben sich die Verhältnisse bis zur Grenze des Erträglichen verschärft (und dabei fiel uns nicht einmal im Traum ein, was uns alles noch bevorstand). Záviš Kalandra, der Einzige, der nicht das Kreuz über mir brach und sogar meinem Vater sanft zuredete, fühlte sich bedroht und dachte über Emigration nach. Von ihm habe ich vieles gelernt, und er hat mir einiges beigebracht, obwohl ich damals nicht alles auf Anhieb verstand. Er meinte zum Beispiel, hätte Trotzki statt Stalin in der UdSSR gesiegt, wäre es auf dasselbe hinausgelaufen (später kam ich zu der Meinung, dass es noch schlimmer gewesen wäre). Damals wollte ich das nicht akzeptieren. Kalandra neigte wohl immer mehr zu der Überzeugung, dass Marxismus auf lange Sicht nicht umzusetzen war. Auch das wollte ich nicht glauben. Seine Andeutungen von gemeinsamer Vorgehensweise mit sagen wir mal unseren National-Sozialisten oder Sozialdemokraten fand ich unfassbar skandalös. Aber ich vertraute ihm sehr, seine Frau und er waren wie ich und mein Vater arm wie Kirchenmäuse, wir halfen uns gegenseitig aus, wo wir konnten. Im Herbst 1949, als Honza und ich in Mníšek gelebt hatten, bekam Kalandra plötzlich ein Stipendium des Schriftstellerverbandes für einen vierwöchigen Arbeitsaufenthalt im Schloss Dobříš, dem neu gegründeten Schriftstellerhaus, zugeteilt – und wir haben ihn dort ein paar Mal besucht. Jetzt dachte er über Flucht nach. Bis es so weit war, wollte er untertauchen, und mein Vater bot ihm Unterschlupf an. Er hatte bereits bei uns ein Köfferchen deponiert. Aber seine Frau, »Láček«, redete es ihm resolut aus – und Kalandra blieb zu Hause. Eines Abends, da war ich gerade bei ihnen, ging Kalandra eine Etage tiefer zu seinem Schwager Dr. Ungár telefonieren, und kam zurück mit der Mitteilung, dass Ungár soeben verhaftet worden war. Wir verabredeten uns für den nächsten Mittag, aber schon auf dem Platz der Republik kam mir Láček entgegen, dass sie nun auch Kalandra verhaftet hätten. Sofort eilte ich, um Teige zu informieren, den ich aber zu dieser Tageszeit nicht aus dem Bett kriegen konnte. So war das gelaufen, aber dass darauf etwas besonders Böses folgen sollte, damit hatten wir nicht gerechnet. Doch die düstere Ahnung, dass sich bald keiner mehr verstecken kann, dass nicht einmal eine Maus entkommen würde, die war schon da. In dieser Stimmung hockte ich also im Lesesaal des Kunstgewerbemuseums und malte mir in Gedanken meine finstere Zukunft aus, als man mich zum Telefon rief: Honza war dran, die nach vierzehn Tagen Haft wegen Landstreicherei (!) gerade entlassen und gleichzeitig in Dobříš als Serviererin im Schriftstellerhaus eingestellt worden war. Ich sollte sofort zu ihr kommen. Und ich, Idiot, machte das auch.

Ich war fest überzeugt, nur deswegen dahin zu fahren, um mich mit voller Satisfaktion von ihr zu trennen – ich hatte ihren Brief an Černý so abgeschrieben, dass es aussah, als wäre es mein Brief an sie, und freute mich diebisch darauf, ihn ihr zu überreichen. Zwar fiel Honza zuerst darauf rein, sie bemerkte aber rasch die Falle und begann mir wieder zu erzählen, wie mächtig sie mich liebte, und wieder konnte ich nicht widerstehen. Es war ja schließlich erst das zweite oder dritte Mal.

Durch eine eisige Novembernacht trampten wir nach Prag zurück. Honza ließ im Schriftstellerhaus nur das mitgehen, was sie am Leibe trug. In Prag dann die Frage, wohin. Wir nahmen eine Tram in die falsche Richtung und irrten noch lange nach Mitternacht im strömenden Regen von der Endhaltestelle in Hostivař durch die halbe Stadt bis nach Spořilov zu Havlíček. Der ließ uns bis zum Morgen bleiben, länger aber nicht – war auch klar.

Vor einer neuen Betteltour hatten wir Angst, das ganze Elend hatte unsere Nerven komplett verschlissen. Jede Nacht schliefen wir woanders. Manchmal bezahlte Honza das Lager mit Prostitution. Einige Nächte verbrachten wir in der Kanalmündung beim Flussbad an der Moldau (direkt gegenüber dem Lesesaal des Kunstgewerbemuseums, wohin wir morgens rannten, um zu schlafen). Honza versuchte wieder, Černý von zu Hause wegzulocken. Eines Tages verabredete sie sich mit ihm, und ich wartete vergeblich auf sie – wo genau, das weiß ich nicht mehr. Also ging ich nach Hause, und die beiden blieben wie vom Erdboden verschluckt. Damals war ich Gott wirklich dankbar.

DER GROSSE PLAN

Ein Mensch kann mehr ab als ein Hund, in der Jugend sogar noch darüber hinaus. Unmittelbar nachdem Honza mit Černý verloren gegangen war, fand ich mich in Gesellschaft altneuer Freunde wieder. Wir schlugen unsere Zelte im Café Juliš (heute Café Paříž) auf, weil dort Obstwermut ausgeschenkt wurde. Von meinem alten Freundeskreis war Vodseďálek mit dabei, zum neuen gehörten ein paar seiner Kommilitonen und mein ehemaliger Mitschüler Herr Karel (Žák). Vodseďálek und seine Freunde Emil Hokeš, Pavel Svoboda und Kobza, an dessen Vornamen ich mich nicht mehr erinnere, hatten eine ganz aktuelle Affäre mit Motorraddiebstahl hinter sich, man hatte sie aber nach kurzer Haft wieder laufen lassen. Obwohl ich von dem Ganzen keine Ahnung hatte, schob mir ihr Verteidiger bei der Gerichtsverhandlung die Hauptschuld zu. Jetzt hockten wir also gemeinsam beim Obstwermut, schrieben Gedichte und wussten nicht, wie weiter. Ganz sachte, wie beim Ochsen die Milch, kam Emils Großer Plan ans Licht. Während der paar Tage im Knast hatte ihm ein – so zumindest in Emils sehr homöopathisch dosierter Erzählung – zum Tode verurteilter (!) Zigeuner verraten, er habe in einer Scheune bei einem schlesischen Gutshof einen ganzen Schatz an Zahnarztgold vergraben, das er durch eine Mordserie an Dentisten gewonnen hatte. Da sich der Zigeuner nur Emil anvertraut hatte, wartete nach seiner Hinrichtung nun dieser Schatz auf uns. Das Dorf mit dem Gutshof ließ sich rasch als Česká Ves bei Jeseník identifizieren, außerdem wusste Emil noch den Namen des Gutsbesitzers und lieferte mehr oder minder genaue Angaben darüber, wo der Schatz in der Scheune liegen sollte. Und dann mischte ich mich ein.

Ich verkündete, in einem sozialistischen Land gebe es keine Verwendung für einen Goldschatz. Unser natürliches Ziel sei die Weltrevolution und die Stärkung der surrealistischen Bewegung, verkündete ich weiter, und der Schatz sei evident nur für dieses Ziel zu gebrauchen, was allerdings seinen Transport nach Paris voraussetzen würde, denn dort leuchte das Licht der Welt (damals wäre einem nicht einmal im Traum eingefallen, dass jemals auch in den USA irgendeine Kultur entstehen sollte). Ganz zum Schluss verkündete ich, sollte der Schatz selbst nicht reichen, wäre es ein Kinderspiel ihn durch Schmuggel von Böhmischem Kristall ins Ausland und von Nylonstrümpfen (damals Mangelware und daher heiß begehrt) zurück in die Tschechoslowakei zu vervielfachen. Die anderen fanden meine Ausführungen logisch und überzeugend.

Weil es aber Winter war, wollte keiner aus Prag raus, und wir schoben das Ganze auf. Irgendwann tauchte wie aus dem Nichts auch Černý auf, in der Zwischenzeit hatten er und Honza eine kleinere Odyssee inklusive Teilnahme am Bau der Jugend in Kunčice hinter sich gebracht, bei der allerdings Honza – wofür auch immer – erneut verhaftet worden war. Ich schicke voraus, dass Honza in jener Zeitspanne zwischen Oktober 1949 und Sommer 1950 aus mysteriösen Gründen immer wieder eingelocht und entlassen wurde, so dass sie quasi nur an uns vorbeirauschte, dem einen verdrehte sie den Kopf, mit dem anderen schlief sie, und schon war sie erneut im Kittchen verschwunden. Damals lief sie wie eine echte Schlampe herum, in den unmöglichsten Klamotten, so wie man sie ihr in dem einen oder anderen Zuchthaus gerade ausgehändigt hatte. In dieser ständigen Bewegung, in der Euphorie des Pendelns zwischen Freiheit und Knast strahlte sie Energie und verzweifelte Verbissenheit aus, was sie womöglich noch faszinierender machte als sonst, und wer bei ihrem Anblick nicht sofort aus der Kneipe rannte, der war ihr auf Gedeih und Verderb verfallen – Černý und ich kriegten es mal wieder am stärksten ab. Aber zu der Zeit, von der ich erzähle, saß sie noch irgendwo ihre Strafe ab, und wir nahmen Černý brüderlich in unserer Mitte auf und weihten ihn in den Großen Plan ein, bei dem er sofort mitmachen wollte (falls Honza nicht davor etwas anderes angezettelt haben würde). Aber etwa ab Januar – oder sagen wir mal Mitte Januar – 1950 bekam unser Plan einen unerwarteten Antrieb, weil einer von uns, ich glaube diesmal war es Pavel Svoboda, einem aus irgendeinem Konzentrationslager entflohenen Sträfling begegnet war, der (regelrecht) vor Angst zitterte und das Blaue vom Himmel versprach für jeden, der ihn zu seiner verzweigten und wohl ziemlich kriminell veranlagten Verwandtschaft nach Wien bringen würde. Eine solche Gelegenheit durfte man sich nicht entgehen lassen, also stürzten wir uns ins Abenteuer – und natürlich zog ich die meiste Arbeit an mich. Schon immer konnte ich mich für die Dinge einen Tick mehr begeistern als andere. Das kam mir nie seltsam vor.

GOLDSUCHER, SCHATZGRÄBER, ENTFÜHRER UND SO WEITER

Danach überstürzten sich die Ereignisse, so dass ich nach
all den Jahren kaum eine genaue Chronologie rekonstruieren kann. Alles geschah binnen ein paar Tagen.
Zunächst musste der Grenzübergang gesichert werden. In
den Ländern des Ostblocks war es nie leicht, eine Grenze
zu passieren, aber 1950 schien das vollkommen aussichts-
los, man verfügte über keinerlei Erfahrungen und hörte
nur überall haarsträubende Geschichten von Absperrun-
gen, Minen, Scharfschützen und, das vor allem, von den
hohen Strafen, die einen erwarteten. Wer von den Staats-
organen beim Grenzübertritt erwischt wurde, den hielt
man automatisch für einen Diversanten. Angesichts der
Tatsache, dass die Amis damals wirklich jeden, dessen sie
habhaft wurden, mit Diversantenaufgaben zurück über
die Grenze schickten, war diese Annahme auch nicht ganz
falsch. Das alles wussten wir natürlich, und noch vieles
mehr, also ging uns ganz schön die Muffe. Damals war
der Besitz von Landkarten verboten, nicht einmal Wan-
derkarten durfte man haben, geschweige denn irgendwelche speziellen Mappen. Für alles gab es eine Strafe.
Wir studierten die Republik also im Schulatlas, und ich
ließ mich von Eisenbahnstrecken leiten, die der Grenze
am nächsten kamen, und von grenznahen Ortschaften.
Etwa fünfzehn Kilometer vor der Grenze fing allerdings
die Sperrzone an, die ohne Sondergenehmigung nicht be-

treten werden durfte. Unter diesen Bedingungen erschien mir Nová Bystřice am besten geeignet. Allerdings wussten wir nicht, dass das Städtchen keinen Bahnanschluss mehr hatte. An einem Februartag, als in Prag der Schnee schon verschwunden war, machte ich also Nägel mit Köpfen. So weit es ging, fuhr ich mit dem Zug, in Jindřichův Hradec war, glaube ich, Schluss, dort stieg ich um in einen Bus und fuhr weiter. Es war Nachmittag – viele Menschen waren unterwegs. Beim Betreten der Sperrzone wurde nicht kontrolliert. In Bystřice stoben die Menschen sofort auseinander, und ich ragte auf dem Marktplatz wie ein einsamer Zaunpfahl hervor. Auf den ersten Blick konnte man sich in einem Frontstädtchen wähnen, kaum Menschen, wenig bewohnte Häuser, die meisten Läden waren zu, und aus den Gassen lugten Soldaten ums Eck. Ich hielt mich an die Zeichnung, die ich mir anhand des Schulatlas angefertigt hatte, mied die Landstraße und lief parallel zu ihr Richtung Süden. Ich hatte Glück, hinter der Stadt führte der Weg auf ein kleines Wäldchen zu, dahinter befand sich vermutlich schon die Grenze. Stellenweise lag noch Schnee. Ich ging langsam – wie denn sonst – und war in dieser offenen Landschaft von überall zu sehen. Vor dem Wäldchen, etwa hundert Meter von dem ehemaligen Zollamt entfernt, mündete der Weg auf die Landstraße. Ich lief weiter. Bis zum Zollamt mit seiner Schranke. Dahinter klaffte ein Graben, quer über die Straße, damit keiner weiterfahren konnte. Ich lief um die Schranke herum, dann um den Graben. Vor mir lagen die österreichische Schranke und das österreichische Zollamt. Ich umrundete die Schranke und das Zollamt und lief weiter. Nach etwa zweihundert Metern drehte ich mich um und ging artig zurück. Vor dem österreichischen Zollamt wienerte ein österreichischer Onkel seine Stiefel. Ich grüßte höflich und fragte nach einem Bus. Er schimpfte mit mir, dass ich die Grenze passiert hatte, aber erzählte, vom nächsten Dorf gäbe es eine Busverbindung. Ich kehrte nach Bystřice zurück, diesmal ganz normal über die Landstraße, setzte mich in den Bus, und schon am frühen Nachmittag stand ich in Jindřichův Hradec auf dem Bahnhof. Im tschechoslowakischen Zollamt stieg Rauch aus dem Schornstein, und die Zöllner jagten im Wald die Diversanten.

Am nächsten Tag nahmen Pavel Svoboda und ich von Prag aus den Schnellzug nach Jeseník. Wir hatten Taschenlampen, Spitzhacken, Seile, Äxte und sonstiges Werkzeug en masse bei uns. Am helllichten Tag so ausstaffiert durch das Dorf zu laufen, noch dazu in der Kneipe zu hocken, fanden wir etwas unpassend, also versteckten wir gleich nach unserer Ankunft das Zeug irgendwo am Bahnhof und machten uns auf die Suche nach dem von jenem toten Zigeuner gekennzeichneten Haus. Das Dorf musste nach dem Krieg offensichtlich eine riesige Großfamilie in Beschlag genommen haben, weil der Name, nach dem wir uns vorsichtig erkundigten, dort mindestens auf zwanzig Menschen zutraf. Wir schlenderten gemächlich durch das Dorf, und am Ende hatten wir ziemlich sicher das Haus gefunden, das der Beschreibung des Zigeuners (beziehungsweise der von Emil) entsprach. Es war ein deutsches Fachwerkhaus, in dem es unter einem Dach sowohl Wohnräume als auch Stallungen und eine Scheune gab. Abends sahen wir uns im Kino einen georgischen Film an. Nach dem Kino mussten wir noch ein paar Stunden herumlaufen, bis sich alle im Ort schlafen gelegt hatten. An manchen Stellen lag immer noch Schnee. Gegen Mit-

ternacht drangen wir in das Haus ein. Ich habe vergessen
vorauszuschicken, dass zu unserer Ausrüstung auch Gift-
köder für die Hunde gehörten. Schon eine Woche vorher
hatten wir in Prag so eine Paste gegen Ratten gekauft und
damit Speckwurstpellen gefüllt. Das Zeug warfen wir
Hunden auf der Nationalstraße zum Fraß vor und wollten
beobachten, wann sie verendeten. Die Hunde liefen durch
die ganze Altstadt herum, bis sie irgendwo verschwanden, uns reichte das aber als Beweis, und wir nahmen ein
paar solcherart präparierte Würste für unsere Schatzsuche
mit. Jetzt warfen wir die Würste dem Haushund zu, der
schluckte sie runter und wollte mehr, und als wir schließlich über den Zaun geklettert kamen, war er ganz anhänglich. Ich bin mir sicher, dass ihm nichts passierte, weil
später auch unsere Kumpel mit ihm zu tun hatten und er
sich genauso anhänglich zeigte. In der Scheune hörte man
Kühe kauen und den Bauern schnarchen. Vorsichtig legten
wir den Fußboden frei und suchten nach dem Kellerzu-
gang. Mühselig rückten wir Landwirtschaftsmaschinen
zur Seite, schoben Heu und Stroh um. Schließlich fanden
wir tatsächlich eine zugeschüttete Kellertür, die ging aber
nicht ohne größeres Gepolter auf – man musste mit der
Spitzhacke ran. Der Bauer hörte auf zu schnarchen, die
Kuh muhte, die Ziege meckerte, und der Angsthase Svoboda sprintete weg, und ich, der ich nie genug Muskelkraft
besessen hatte, als dass ich selbst etwas hätte beiseite schieben können, ihm hinterher. Erst am Bahnhof fand ich ihn
wieder. Auch gut. In der festen Überzeugung, die nächste
Expedition würde schon fruchten, setzten wir uns in den
Morgenzug zurück nach Prag.

Nachdem ich einmal zu Hause geschlafen hatte, machte
ich mich mit meinem vor Angst schlotternden Krimi-

nellen, seines Zeichens Kellner und Schmuggler, schon auf den Weg nach Wien. Als der Zug losfuhr, stellte sich heraus, dass er auch noch Alkoholiker war. Ohne mein Wissen hatte er sich mit mehreren Rumflaschen eingedeckt und becherte sofort los. Vergeblich versuchte ich ihn daran zu hindern. Seine Angst ließ sich nur mit Trinken bändigen. Vor Mittag erreichten wir Jindřichův Hradec, mein erprobter Bus sollte bald kommen. Aber der Unglücksrabe büxte aus, versteckte sich in einer Kneipe, und keine tausend Pferde hätten ihn da rausgekriegt – draußen war es ihm zu hell. Seine Vorstellung von unserem Vorhaben basierte auf Krimis, wo Gesetze nur im Dunkeln gebrochen werden. Er trank weiter, und ich wurde allmählich nervös, in der Nacht kannte ich mich auf der Grenze nicht richtig aus. Der letzte Bus kam, den mussten wir nehmen. Es war 22 Uhr. Mit großem Gejammer stieg er ein. Er fühlte sein letztes Stündlein schlagen. Im Bus saßen außer uns beiden noch zwei Grenzsoldaten. Womöglich war sein besoffener Zustand unsere Rettung, beim besten Willen hätte man sich ihn nicht als Grenzläufer vorstellen können. Der Marktplatz in Bystřice war natürlich menschenleer. Ich bugsierte ihn zu dem von mir getesteten Weg, aber sobald er die Straßenlaterne sah, rannte er auf den Marktplatz zurück und ich ihm hinterher. Schließlich ließ er sich darauf ein, dass wir uns durch eine Kleingartenkolonie aus der Stadt schleichen. Dahinter lagen Felder. Der Schlamm stand uns bis zum Hals. Wir kämpften uns bis zum Wäldchen durch. Auf die Straße war er um keinen Preis zu bringen. Für den Weg zum Wäldchen, der auf der Straße etwa zwanzig Minuten dauerte, hatten wir durch das Feld ganze zwei Stunden gebraucht. Am Wäldchen wollte ich ihn auf die

Landstraße bringen. Dagegen wehrte er sich mit Händen und Füßen. Er kroch in das Gehölz, das damals vielleicht so groß war wie der Wenzelsplatz und das wir in zehn Minuten hätten überqueren können – aber dort lag noch Schnee, unter dem das Tauwasser unsichtbare Löcher geschaffen hatte, und in die plumpsten wir immer wieder rein. Wir stolperten über Wurzeln, brachen Äste entzwei, purzelten in den Schnee und machten einen Krach dabei wie zwei Elefanten. Das muss bis nach Bystřice zu hören gewesen sein. Der Unglücksganymed zog seine letzte Geheimflasche raus, und diesmal nahm auch ich einen tiefen Schluck. Unsere Situation hätte nicht schlimmer sein können. Am Ende, sozusagen als Krönung des Ganzen, nachdem wir eine halbe Stunde so durch den Gruselwald gekrochen waren, zog er seine Taschenlampe hervor und leuchtete vor sich hin. Das war der Gipfel – spätestens jetzt mussten sie uns schnappen, anders ging es nicht, das wusste ich genau. Aber es passierte immer noch nichts, und wir lärmten und irrten weiter im Wald herum. Endlich kamen wir heraus. Vor uns sahen wir die Lichter eines Städtchens. Die Saufnase jauchzte vor Begeisterung. Ich wunderte mich, auf der österreichischen Seite hätte es in der Richtung keine Ortschaft geben dürfen. Ich guckte genauer hin, der Mond schien, und siehe da, es war Nová Bystřice. Wir waren an der gleichen Stelle aus dem Wald herausgekommen, wo wir ihn betreten hatten.

Das war schon starker Tobak. Der Saufbold kriegte davon so einen Schock, dass er mir gefügig auf die Landstraße folgte, und dort kamen wir bequem rüber. Nach der Stolperei im Wald waren wir von Kopf bis Fuß mit Schlamm verschmiert, wenn nicht sogar vom Schlamm umhüllt, wir waren nass, und uns war richtig kalt. Jetzt nahm ich gerne mehr als einen Schluck aus seiner Flasche. Von weitem hörten wir die österreichische Grenzwache marschieren. Da rettete uns der Gott der Säufer. Wir stimmten deutsche Lieder an, und weil wir besoffen waren, kam den Österreichern, die uns ordentlich mit der Lampe ausleuchteten, nicht in den Sinn, dass wir gerade Republikflucht begangen hätten. Zu unserem Glück war gerade Faschingszeit, und wie wir später im Dorf feststellen konnten, war das ganze Land sternhagelvoll. Deswegen hatten die Grenzer keinen Verdacht geschöpft. In der Kleidung, die wir anhatten, konnten wir aber nicht weiter. Wir hatten ein bisschen Silber dabei und konnten uns dafür ein paar Klamotten kaufen. Es stellte sich heraus, dass der Bus, der vor Morgengrauen losging, bis nach Wien fuhr. Hilfsbereite Österreicher setzten uns nach ganz hinten, warfen Decken über uns und schworen Stein und Bein, sie würden uns vor der russischen Militärkontrolle verstecken, von der die Busse oft inspiziert wurden (sie kam auch tatsächlich, aber es war nicht schlimm). Nach ein paar Stunden Schlaf wachte ich auf. Es war ein schöner sonniger Tag, der Bus tuckerte durch eine liebliche Landschaft, der ganze Horizont war mit hohen, weißen Wölkchen bedeckt. Auf einmal verstand ich – das waren die Alpen.

In Wien blieb ich eine Woche, und das war der mit Abstand größte Alkoholexzess meines Lebens – schon damals behielt ich von der ganzen Woche nichts außer zwei zufälligen Bildern im Kopf. Mein hasenfüßiger Ganymed führte mich durch die Wiener Kneipen, und ich saß nicht einmal eine Minute auf dem Trockenen. Seine Verwandten versorgten mich vorbildlich, allerdings bekam ich das kaum mit. Nach einer Woche setzten sie mich wieder in den Bus, und ich fuhr zurück nach Prag. Unterwegs wurde ich zum ersten Mal in der Woche nüchtern. An einem sonnigen und duftenden Nachmittag lief ich über die mir bereits vertraute Landstraße nach Böhmen, erwischte den Nachmittagsbus nach Bystřice, in Jindřichův Hradec kriegte ich den Anschluss nach Prag, und abends trank ich schon mit meinen Freunden Obstwermut bei Juliš. In Wien wurde überall Samba gespielt, das hallte mir noch in den Ohren nach.

SCHMUGGLERBANDE

Trunken vom Erfolg konnte ich die Klappe nicht halten, woraus mein Vater die einzig vernünftige Folgerung zog und mich wieder in die Klapse einweisen ließ, diesmal in die Psychiatrieklinik von Prof. Mysliveček, die seitdem zu meiner regelmäßigen Gesundungsstätte werden sollte. Damals kam mir die Einweisung aber nicht gelegen, denn das ganze Unternehmen ging gerade erst los. Also packte ich ein paar Tage später mein Zeug zusammen und machte mich aus dem Staub. Im Nachhinein soll das sehr zu meinen Gunsten gewesen sein. Nach Hause durfte ich allerdings nicht, also brachte mich Pavel Svoboda in der Hütte seiner Eltern in Jarov unter, irgendwo zwischen Lysá nad Labem und Stará Boleslav. Fast gleichzeitig war auch Černý dort, und der Rest der Truppe kam häufig zum Übernachten hin. Nach Prag fuhr ich kaum, in der Bahn und auf den Bahnhöfen wurde verstärkt nach Diversanten und arbeitsscheuen Elementen gefahndet. Unsere wichtigste Aufgabe bestand nun darin, Geld für das großartige Schmuggelprojekt zu organisieren, von dem bereits die Rede war. Nochmals nach Česká Ves wollte fürs Erste keiner (später fuhr Vodseďálek dort hin, mit noch jemand anderem – sie fanden den enstprechenden Keller und kamen auch rein, sollte dort aber tatsächlich etwas gewesen sein, war es bereits fremdgeerntet worden), und so versuchte jeder etwas von zu Hause mitgehen zu lassen, am meisten Pavel Svoboda, der alle naselang das Familienvermögen zur Ader ließ (sein Vater war allerdings Fleischer, die reichste Zunft jener Tage, also flog er nicht auf). Damit wir unser Böhmisches Kristallglas nicht gleich im ersten Dorf beim Kauf der Busfahrkarten tief unter Preis verscherbeln mussten, wollten wir uns ein paar Schilling besorgen. Weil Černý, Emil, Vodseďálek und ich nur noch von der Weltrevolution und ihrer Zukunft, zu der wir etwas beitragen wollten, besessen waren und somit für keine andere Themen empfänglich, musste Pavel Svoboda in Bratislava die Schillinge besorgen. Wir gaben ihm Zehntausend Kronen, und er machte sich auf den Weg. Er blieb so lange weg, bis er die Zehntausend verjubelt hatte. Das ging gleich damit los, dass er von Prag nach Bratislava flog, schon das war für die damalige Zeit überirdisch bescheuert. Vor Ort lachte er sich sofort eine Nutte an und zog mit ihr ins teuerste Hotel. Als das Geld alle war, brachte er die Nutte mit nach Prag, weil auch sie über die Grenze wollte. Sie gab sich für eine Französin aus und nannte sich Nicolle, aber sie kannte nicht mal die »Marseillaise«. Selbstverständlich wurden sie von Pavel auch in unserer Hütte untergebracht. Sie war komplett ohne Papiere. Was geschehen sollte – ist auch geschehen: Ich legte sie ihm dort flach. Aber endlich hatten wir alles fertig, und ich fuhr zum letzten Mal nach Prag. Was der Teufel nicht wollte, mir nichts, dir nichts, wie vom Himmel gefallen, kam Honza wieder aus irgendeinem Zuchthaus rausgekrabbelt. Sie hatte natürlich weder Papiere noch ein Dach überm Kopf und wollte also auch nach Wien. Das wies ich vehement zurück, aber sie quengelte und bettelte, ich solle sie unbedingt zu Svoboda mitnehmen. Wir trampten also nachts im Regen hin, von der

Straße musste man noch irre weit laufen, wir stolperten über Wurzeln, Honza bekam wieder einen hysterischen Anfall. Endlich waren wir da. Am nächsten Tag sollte alles losgehen. Sie zog mich sofort ins Bett, und am nächsten Tag meldete sie, sie müsste nur kurz weg – und kam nicht wieder. Wie sich später herausstellte, wollte sie nur schnell eine Nummer mit Černý schieben, wodurch am Ende ein hübsches Durcheinander zustande kam, das sich noch viele Jahre hinziehen sollte.

Auf Honza zu warten, kam nicht infrage, wir nahmen den Nachmittagszug, Svoboda, Nicolle und ich, alle kiloweise mit Kristallglas und Silber bepackt. Nachts machten wir problemlos auf der Landstraße rüber, bestiegen ohne weiteres den Bus nach Wien und waren am nächsten Tag da. Zuerst kauften wir uns was zum Anziehen – wir waren von unterwegs total verdreckt –, und dann suchten wir uns eine Unterkunft. Für Pavel Svoboda war natürlich nur das Beste fein genug, also fanden wir uns in einer erstklassigen Pension in Roßauer Lände wieder, wo wir ein Appartement über die ganze Etage mieteten. Abends gingen wir in die teuerste Weinstube, wo wir beobachteten, wie noble Menschen Äpfel mit Messer und Gabel aßen (oder waren es vielleicht Avocados, von denen wir damals keine Ahnung hatten?), und tranken dabei gut über den Durst. Bald haben wir alles verkloppt, Nylonstrümpfe besorgt, und entsprechend der vorherigen Absprache fuhr Svoboda nach Prag, von wo er mit weiteren Freunden die nächste Kristallglaslieferung bringen sollte. Nicolle und ich behielten Geld für etwa vierzehn Tage und machten uns ans Warten. Svoboda tauchte nicht wieder auf.

Nach einer bestimmten Zeit schickten wir chiffrierte Telegramme nach Prag, und allmählich zeigte sich, dass etwas schiefgelaufen sein musste. Später erfuhr ich, dass unsere Freunde wirklich versucht hatten, paarweise die Grenze zu passieren, aber beide Paare wurden von den Grenzbeamten abgefangen – natürlich nicht von den unsrigen, sondern von den österreichischen. Sie hatten Angst die Straße zu nehmen wie ich, also krochen sie auf der österreichischen Seite durch den Wald, und schon hatte man sie. Das wussten wir in Wien natürlich nicht, und es hätte uns auch nicht geholfen – unser Geld ging zur Neige. Nicolle verabschiedete sich, sie wollte nach Frankreich weiter, und ich wurde höflich, aber resolut aus der Nobelpension rausgeworfen. Nachts schlief ich in Telefonzellen oder in den Feldern außerhalb der Stadt, die lagen bereits in der sowjetischen Zone und waren für mich nicht ungefährlich, vormittags pennte ich im Park, aber am Ende blieb mir nichts anderes übrig, als zurück nach Hause zu fahren. Ich lernte einen österreichischen Kommunisten kennen, der mir meine trotzkistische Überzeugung auszureden versuchte, genauso wie ich ihm seine stalinistische – später wird er vermutlich oft an mich gedacht haben!, der gab mir ein Butterbrot mit auf den Weg und schickte mich zu einer Landstraße, wo nachts wohl Lastwagen in die Tschechoslowakei fuhren. Doch ich verwechselte die Straßenbahnnummer und landete auf der Ausfallstraße nach Brünn. Da wollte ich nicht hin, ich hatte Angst. Also verbrachte ich erneut eine Nacht in einer Telefonzelle und kehrte beim Tagesanbruch nach Wien zurück. Hinter mir lief ein Polizist. Als gutherziger Mensch ließ er mich die Sowjetzone verlassen und nahm mich erst auf dem Wiener Boden fest. Auf dem Kommissariat stellte ich Antrag auf politisches Asyl, und weil ich kein Bußgeld für die Grenzüberschreitung zahlen konnte – hundert Schillinge, sperrte man mich sofort für eine Woche in der dortigen Arreststube ein. Dort geriet meine politisch-moralische Überzeugung zum ersten Mal richtig ins Wanken: Aus einem Zeitungsfetzen auf dem Klo erfuhr ich, dass in Prag Záviš Kalandra hingerichtet worden war. Mir wurde schwarz vor Augen. Ich konnte es nicht fassen. Den ganzen Tag war ich wie von Sinnen. Ich schwor tausend Eide, die Sowjetunion ab jetzt bis ans Ende meiner Tage zu bekämpfen. Und das nehme ich bis heute verdammt ernst.

WIE ICH FLÖHE VERKAUFTE

In Floridsdorf, wo ich arrestiert wurde, ließ man mich nicht nach einer Woche laufen, was rechtens gewesen wäre, sondern brachte mich in der Ausländerabteilung im Knast Roßauer Lände unter, von wo ich in die Fenster reinschaute, hinter denen ich noch vor kurzem gewohnt hatte. Von dort aus sollte es nur einen einzigen Weg nach draußen geben – und zwar nach Westdeutschland, in ein amerikanisches Lager. Eine Aussicht, die mir sogar noch weniger zusagte als eine Auslieferung an die Tschechoslowakei: Ich war ein sehr radikaler Marxist, und die USA liebte ich aus tiefster Seele nicht. In dieser Ausländerabteilung kam etwa ein Dutzend Menschen unterschiedlichster Nationalitäten Osteuropas zusammen, die meisten mit ziemlich bewegter Vergangenheit, und wie es der Zufall wollte, fast alle Hochschulabsolventen. Außer mir saß dort als einziger Tscheche ein gewisser Strouhal ein. Er hatte an der Landwirtschaftshochschule studiert und bekannte sich ebenfalls zum Trotzkismus. Seit 1948 drehte er schon eine Runde durch die westlichen Gefängnisse und Lager, hatte noch kein Wort Deutsch gelernt und erzählte ziemlich grausige Details darüber, wie die Amerikaner in ihren Lagern alle zur Spionage und Mitarbeit mit dem damaligen CIC zwangen. Deswegen müsste er immer flüchten, sagte er, was ihn in eine ziemliche Sackgasse brachte. Vermutlich war viel Wahres daran. Wir steckten die Köpfe zusammen und überlegten, was tun. Strouhal hatte einen Kumpel bei der Wiener Zweigstelle des französischen Geheimdienstes, und so dachte ich fieberhaft nach, welches Kapital man daraus schlagen könnte. Am Ende hatte ich eine Idee, und wir beschlossen, sie auszuprobieren.

Aber zunächst legten sich die Gesetze des kapitalistischen Dschungels ins Zeug. Die Ernte stand an, und Österreich leerte die Gefängnisse. Man brachte alle Zuhälter, Nutten und Ausländer zu einer Art Arbeitsbörse, wo wir (theoretisch freie Subjekte!) uns an einer Wand aufstellen mussten, damit sich die österreichischen Landwirte mit Gamsbart am Hut und Lederhose die – wohlfeilen – Arbeitskräfte aussuchen konnten. Ich war ja ein ansehnlicher Junge, also stürzten sich alle sofort auf mich, aber sobald sie meinen Bizeps angefasst hatten, spuckten sie auf den Boden und trollten sich von dannen. Ich schlug Krawall, und zwar heftig. Ich schrie, dass hier Menschenrechte mit Füßen getreten würden, dass wir politisches Asyl bekommen hätten, dass wir Akademiker seien, die in der freien Welt Schutz suchen und so weiter und so fort, die Polizisten kriegten es nicht hin, mir das Maul zu stopfen, bis irgendwelche Beamten kamen und mich und Strouhal, dessen Hand ich festhielt, rasch zur Seite führten, damit wir den anderen nicht mit falschem Beispiel vorangingen. Um mich möglichst schnell zum Schweigen zu bringen, drückten sie jedem von uns fünfzig Schillinge in die Hand – den Sekretärinnen kamen vor lauter Rührung die Tränen – und kickten uns raus. Da war uns gleich ganz anders ums Herz. Strouhal, der sich in Wien gut auskannte, brachte uns direkt zu der billigsten Herberge der Stadt.

Das Ledigenheim, in dem wir uns niederließen, lag irgendwo in der Wiener Südstadt, die Adresse weiß ich heute nicht mehr. Ein riesiges fünfstöckiges Eckhaus mit unterschiedlichsten Unterkünften darin, die billigste bestand aus zahlreichen mit Blech und Maschendraht voneinander getrennten Kojen mit Bett und ohne Glühbirne, die zwei Schillinge pro Tag kosteten. Gegen einen kleinen Obolus konnte man die Toilette und den Waschraum nutzen. Ich war begeistert. Nebst Lumpenproletariat hatten sich dort Agenten aller Geheimdienste Europas, wenn nicht der halben Welt angesiedelt. Sie fischten eben nach jenen Lumpenproleten für die Drecksarbeit und nach osteuropäischen Flüchtlingen, die sich vor den amerikanischen Lagern drückten. Bald spürte uns ein tschechoslowakischer Agent auf, ein ziemlicher Dummkopf, dem ich weismachte, sowjetischer Agent undercover zu sein (damals sprach ich fließend Russisch), und schickte ihn fast jeden Morgen, frische Milch zu holen. Alle Agenten hockten im Erdgeschoss im geräumigen Speisesaal, wo alle Sprachen der Welt zu hören waren. Dort verfasste ich sofort – Tische gab es sonst keine – im klassischen Goethe-Deutsch ein Memorandum für die französischen Geheimdienste, in dem ich erklärte, für eine lächerliche Summe von zwei Millionen Dollar bar auf die Hand die sowjetische Regierung zu stürzen und dauerhaften Frieden zu installieren. Der begeisterte Strouhal brachte es umgehend zu jenem Freund, und wir warteten. Der Geheimdienst biss an.

Ein paar Tage später bekam ich die Aufforderung, streng konspirativ in einem Restaurant eine Madame Morain (für die Orthografie kann ich nicht bürgen) zu treffen. Sie war eine Tschechin junonischer Gestalt und wollte Details hören. Die erzählte ich ihr natürlich nicht, kassierte 200 Schillinge und ging zurück, um ein neues

Memorandum zu verfassen (insgesamt schrieb ich etwa ein Dutzend davon und arbeitete mich so zu immer höheren Instanzen durch) und um weiter zu warten. Der Ausbruch des Koreakrieges spielte uns in die Hände. Alle Geheimdienste befanden sich in ständiger Bereitschaft. Für nur zwei Millionen Dollar die sowjetische Regierung zu vernichten, danach hätte damals auch ein Blinder gegriffen.

Bald schleuste man mich heimlich in das Gebäude der französischen Nachrichtendienste ein. Ich wurde von einem Oberst erwartet, der kein Deutsch sprach, keine Ahnung vom Trotzkismus hatte und Prag in Polen vermutete, aber das war egal – wegen höchster Geheimhaltung durften wir keinen Dolmetscher haben. Es war harte Arbeit. Ich erklärte ihm, ich würde das Ganze nur aus Liebe zur Menschheit tun. Die zwei Millionen seien quasi Betriebskosten. Mein Agentennetz würde alles bis ins kleinste Detail organisieren – uneigennützig, selbstlos und aufopfernd. Das Ganze sei einfach wie die Sonne. Man benötige zwei Streichholzschachteln mit Flöhen – die würde ich gratis liefern –, geimpft mit allen liederlichen Pestarten der Welt (hier möchte ich betonen, wie weit ich der Zeit voraus war – den Einsatz bakteriologischer Waffen in Korea gaben die Sowjets etwa sechs Monate später zu), und meine Agenten der Liebe würden diese Flöhe am Roten Platz bei der Parade am 7. November zur Ehrung der Oktoberrevolution unter den Tribünen freilassen. Die Flöhe würden zwar eine gewisse Zahl an Epidemien verursachen, aber sie würden auch auf die Tribüne gelangen und dort Marschall Stalin, Marschall Woroschilow, Genosse Berija und Genosse Molotow und andere bespringen. Der Oberst verstand offensichtlich nur die letzten Worte und fragte immer wieder nach, ob ich wirklich Marschall Stalin, Marschall Woroschilow, Genosse Berija und so weiter meinte. Ich bestätigte es. Ihm war ganz schwummerig, er gab mir 200 Schillinge und ließ mich rausbringen.

Ungefähr an diesem Punkt blieb unsere Verhandlung stecken. Etwa zwei Monate lang verfasste ich immer neue Memoranden, versicherte dem Oberst, dass auch Marschall Stalin und Marschall Woroschilow und so weiter gemeint waren, Madame Morain brachte mir Geld und sprach mir Mut zu, für zwei Millionen sei das Ganze ein Schnäppchen, sagte sie, und würde ich es dem Oberst so schön erklären können wie ihr – verhängnisvolle Sprachbarriere! –, dann hätte er mir bestimmt längst die Flöhe und das Geld gegeben. Meine Agenten konnte ich dem Oberst verständlicherweise nicht nennen, auch wenn ich mit ihm ohne Zeugen verhandelte. Das konnte aber jeder Nachrichtendienstmitarbeiter verstehen.

Strouhal und ich pichelten fröhlich die ganze Zeit vor uns hin und bedachten nicht, dass die Mühlen Gottes langsam, aber sicher mahlen. Der Oberst wurde nach Paris versetzt, Madame Morain kaufte mir mit tiefstem Bedauern zum letzten Mal Proviant und verabschiedete sich dann auch, auf die miesen Verhältnisse und die geizigen Franzosen schimpfend.

Es blieb mir nichts übrig, als zurück nach Prag zu fahren und das steckengebliebene Schmuggelgeschäft wieder zu beleben. Nur eine Anmerkung am Rande: Etwa ein Jahr oder anderthalb später saß ich zu Hause am Radio und hörte plötzlich eine Meldung, welch neuen Sieg unsere erfolgreichen Nachrichtendienste schon wieder errungen hätten – die verdiente Mitarbeiterin in den Reihen der französischen Geheimdienste Madame Morain sei soeben in die Heimat zurückgekehrt und habe alle französischen Geheimdokumente mitgenommen. Ein paar Wochen lang war mir richtig schlecht davon. Aber Madame Morain, eine echte Tochter der Schwejk-Nation, verfügte wohl über mehr Sinn für Humor, als ich zu erwarten gewagt hatte.

WAS HONZA WIEDER ANGESTELLT HATTE

Ich kam bequem nach Prag zurück, und meinem Vater sackten vor Schreck die Beine weg. Ich aber war fest entschlossen, auch wenn es mit der Wiederbelebung des internationalen Tauschgeschäftes von Kristallglas und Nylonstrümpfen nicht klappen sollte, innerhalb von vierzehn Tagen definitiv zurückzufahren und mich auch ohne einen einzigen Groschen zu André Breton nach Paris durchzuschlagen. Der Koreakrieg war in vollem Gange und warf auf alles seinen Schatten. In Prag herrschte eine Stimmung wie im Krieg, oder noch schlimmer, als sollte jeden Tag der Krieg ausbrechen. Ich besuchte Láček – wohl als Einziger nach Kalandras Hinrichtung –, sie wohnte schon irgendwo anders und erzählte mir von ihrer letzten Begegnung im Gefängnis, wie sie auf Kalandras Wunsch eine halbe Stunde so redeten, als wären sie frisch ineinander verliebt. Auch mein Vater verstand, dass ein Bleiben in der Tschechoslowakei nicht richtig sinnvoll war, und er gab mir ein bisschen Gold mit auf den Weg. Černý, Emil Hokeš, Kobza und noch einer, dessen Namen ich nicht mehr weiß, wurden, wie schon erwähnt, von den Österreichern erwischt, an die Russen weitergegeben und von denen in die Tschechoslowakei vors Gericht geschickt. Danach traute sich keiner mehr über die Grenze. Vodseďálek hatte bereits eine feste Beziehung mit Dagmar, und Pavel Svoboda hatte einfach Schiss. Nach

Černýs Verhaftung soll er sich mit Honza zusammengetan haben, die er bei sich in Jarov wohnen ließ, bis Honza dort rausgeworfen wurde. Ich wollte mit ihr nichts mehr zu tun haben.

Trotzdem tauchte Svoboda ein paar Tage später bei mir auf und meinte, Honza hätte erfahren, dass ich wieder da war, und ihn zu mir geschickt, weil ich sie geschwängert hätte. Ich weigerte mich sie zu sehen, ich hatte Angst vor ihr. Aber der Lump Svoboda schleifte mich geradezu hin. Selbstverständlich bewies ich keinen festen Willen, den hatte ich nie im Leben gehabt, aber ohne den ungewöhnlich starken Druck von Svoboda wäre ich wirklich nicht zu Honza gegangen, schon weil ich ihr auch die Schwangerschaft nicht glaubte. Nichtsdestoweniger – wir trafen uns. Und im Handumdrehen tanzte ich schon wieder nach ihrer Pfeife.

Honza – wie immer ohne Papiere – wurde heimlich von einer furchtbar hässlichen alten Lesbe beherbergt, die in der Vyšehradská Straße einen Putzjob hatte, in einem Studentenwohnheim oder so, wo über die Ferien die Zimmer leer standen. Anfangs versteckte mich Honza vor der Lesbe im Schrank, damit sie mich nicht entdeckte. Sie rechnete mir mit den Fingern vor, dass sie durch unseren Beischlaf in Svobodas Hütte bei Stará Boleslav schwanger geworden war – die gleiche Geschichte, die sie später Černý auftischen sollte, mit dem sie ja am gleichen Tag ins Bett gegangen war und dann dank einer teuflischen Verkettung von Umständen lange mit keinem, weil sie wieder für ein paar Wochen im Knast landete. Relata refero. Ihre Schwangerschaft ließ mich ziemlich kalt, sie sagte ohnehin, dass sie abtreiben wollte, was ich auch für selbstverständlich hielt. Aber sie wollte mit nach Wien, und gleich süßholzraspelte sie, ich wäre der Einzige, den sie wirklich liebte und lieben könnte, und wie schön wir es draußen miteinander haben würden. Hübsch war sie schon, und es bestand eine reale Aussicht, dass sie als Fotomodell für Pornozeitschriften, von denen es allein in Wien schon eine ganze Reihe gab, gutes Geld verdienen könnte. Sie selbst fand die Idee gar nicht übel. Und so holte ich noch, wie mit meinem Wiener Kumpel Strouhal abgesprochen, Geld von seinen Eltern, wir kauften Kristallglas ein, und ohne Zeit zu verlieren, fuhren wir los – etwa vierzehn Tage nach meiner Rückkehr nach Prag.

Ich weiß nicht, wie es in der menschlichen Psyche begründet liegt, dass alle ihre Straftaten nur im Dunkeln oder wenigstens in einem Wäldchen verüben wollen. Als wir mittags – es war ein schöner, heißer, sonniger Augustmittag – in Bystřice ankamen, konnte ich Honza nur mit Müh und Not überreden, gleich weiterzugehen. Und als wir problemlos via Landstraße die Grenze an beiden Zollämtern überquerten und – bereits nach ein paar Kilometern in Österreich – vor uns das Zieldorf mit dem Wiener Bus sahen –, da kriegte Honza einen regelrechten Koller, dass wir sofort durch den Wald gehen und zumindest einen Umweg machen müssten. Ich ließ mich auf sie ein – und wir liefen den österreichischen Grenzbeamten buchstäblich in die Arme, während wir in dem Dorf ungesehen auf dem Marktplatz hätten tanzen können – der war wie leergefegt.

Auf der Wache stellte man fest, dass seit dem Frühling nach mir gefahndet wurde, weil ich in Österreich meinen Ausweis verloren hatte, außerdem hatte man immer wieder Unglücksraben mit Kristallglas im Rucksack geschnappt, die alle von einem Fišer in Wien laberten. Die

Grenzer waren nicht grob, aber streng, und mir war klar, dass ich bestimmt auch bei der russischen Kommandantur als großer Verbrecher in der Kartei geführt wurde. Wie ich da mit Honza mitten in der großen Dorfstube saß, fing ich an herzzerreißend bitter zu weinen, und Honza plärrte mit mir um die Wette. Ich sah schon meine ganze Jugend hinter Gittern verschwinden – was bleibt einem dann noch vom Leben!

Die ganze Nacht drückte ich kein Auge zu. Am nächsten Morgen brachte man uns auf einem langen Fußmarsch »mit aufgepflanztem Bajonett« zum Zug, der uns nach Gmünd verfrachtete, den russischen Organen zur Verfügung.

IM KNAST UND DANACH

In Gmünd blieben wir etwa drei Wochen. Unsere Zelle war offen, und wir konnten uns frei begegnen. Es gab dort ein paar kleine Ortsdelinquenten, einen Reichsdeutschen, der auf die Abschiebung nach Westdeutschland wartete – ein alter, sehr anständiger Arbeiter –, und zu mir und Honza schob man noch einen Flüchtling hin, irgendeinen František, zufällig einen echten Idioten, der aus der Anstalt von Opava ausgerissen war. Darauf gründeten wir unsere Taktik. Sobald man uns den tschechoslowakischen Behörden auslieferte, wurden wir schlagartig schwachsinnig. František sabberte vor sich hin, Honza hatte einen Maultick, und ich berief mich stolz darauf, dass ich eigentlich in die Anstalt von Mysliveček gehörte, aus der ich im Frühling weggerannt war. Der alte Wachtmeister in Velenice, der uns als Erster in die Hände bekam, verdrehte nur die Augen und blökte, so etwas hätte er sein Lebtag nicht gesehen. Man brachte uns nach Třeboň, dort schliefen wir in einer Zelle, in deren Wand ein Loch nach draußen klaffte, weil dort am Tag vorher ein Dieb entfleucht war, aber wir dachten nicht einmal im Traum an Flucht, wir hatten ja schon so Schiss genug. Nach České Budějovice wurden wir schon von der Staatssicherheit transportiert, aber auch die Jungs rangen die Hände über uns. In den sechs Wochen, die wir in Budějovice blieben, wurden wir kaum verhört. Die Sache war ja sonnenklar.

Honza versuchte sich herauszumogeln, indem sie jedermann anschwärzte, aber da sie schon mal als schwachsinnig abgestempelt wurde, brachte das nicht viel. Als man uns nach Prag brachte, trafen wir gleich im Flur Černý und Emil Hokeš, die nach der Urteilsverkündung aus dem Gerichtssaal zur Strafausübung abgeführt wurden. Das Strafmaß kannten wir nicht, damals war gerade das neue Strafgesetzbuch von Čepička in Kraft gekommen, und nichts Genaues wusste man nicht. Aber als man mich im Gefängnis am Karlsplatz in die Zelle brachte, sagte ich nach der Begrüßung zu den anderen Knastis: »Nächste Woche gehe ich nach Hause« – und damit lag ich richtig. Ich wusste, dass mein Vater den Psychiatern Bescheid sagen würde. In der Zelle waren wir zu sechst, lauter Parteimitglieder, und die Aufseher ließen sich von uns für ihre Schulungen Referate schreiben. Ein Major der Grenzwache mit dem fatalen Namen Kopeček saß dort ein, dann ein Mitbegründer der Vorkriegsjugendorganisation Komsomol, an dessen Namen ich mich nicht mehr erinnere, mit dem sich aber zur gleichen Zeit die Kolbenwerke auf den Plakaten brüsteten (man kreidete ihm die Zusammenarbeit mit Kalandra an, den er nie im Leben gesehen hatte!), und andere. Als ich endlich vor dem Untersuchungsrichter landete, schickte er mich nach Hause. Am gleichen Tag wurde auch Honza entlassen, aber weil sie keine feste Bleibe hatte, schob man sie zu den Myslivečeks ab, wo man sie etwa zwei Monate später laufen ließ. Die anderen müssen ihre Strafe um Weihnachten oder Neujahr herum abgesessen haben. Honza und ich bekamen im Februar 1951 eine Vorladung zum Gericht, aber es gab irgendwie kein Urteil oder so etwas, das Ganze wurde eingestellt, ohne dass wir dort erschienen wären.

Auch das war noch Anfang der 1950er Jahre möglich – die Justiz war immer noch vorwiegend mit Richtern aus alten Zeiten besetzt.

Solange Honza noch in der Psychiatrie war, stellte ich mich fürsorglich jeden Tag unter ihr Fenster, und nach ihrer Entlassung kümmerte ich mich um ihre Unterkunft. Das war natürlich mühsam. Meistens zog sie von einem Hotel ins andere. Sie redete ständig auf mich ein wegen meiner angeblichen Vaterschaft und wollte, dass ich sie heiratete. Trotzdem hatten wir viel Spaß miteinander, Honza sprühte wieder vor Witz, und während wir ohne eine Krone in der Tasche durch das nächtliche Prag zogen, waren wir pausenlos am Lachen. Honzas Situation war allerdings wirklich schwierig. Sie beschloss, amtlich Mutter zu werden, damit der Staat für sie sorgen musste. Das führte später zu immer neuen Mutterschaften. Ein paar Mal profitierte sie auch wirklich davon, bis man ihr später die Kinder wegen Vernachlässigung der elterlichen Sorgepflicht eins nach dem anderen wieder wegnahm, in den 1960ern landete sie deswegen sogar im Knast. Im Herbst 1950 ging das alles erst los. Was es mit mir machte, das kann man am deutlichsten in »Totální realismus« (Totaler Realismus) nachlesen, meinen ersten echten Gedichten – die gleich von ausgezeichneter Qualität waren. Gleichzeitig schrieb ich auch an »Pražský život«, das damals noch den deutschen (!) Titel »Prager Leben« trug, und ich sehe mich noch den ersten Gesang in der Weinstube V zátiší Vodseďálek und seiner Dagmar vorlesen. Damals hatte ich wohl zum ersten Mal seit meiner Bekanntschaft mit Honza zu Weihnachten 1948 ein bisschen Zeit, mich endlich den dichterischen Belangen zu widmen. Mit den Surrealisten verkehrte ich nicht mehr, aber ich hatte eine Reihe neuer Bekannter und Freunde. In erster Linie Medek, den ich wohl schon im Sommer 1949 kennengelernt hatte, als wir einander zumindest offiziell im Café Slavia vorgestellt wurden. Da warnte mich Medek gleich vorweg, er sei ein Faschist, und das meinte er ernst. Ich konnte es damals nicht glauben. Aber später durchlief ich auch selbst oder mit anderen kurze Perioden, in denen mich das Interesse am Faschismus packte und ich ihn faszinierend fand – eine Erscheinung, die seit dem Zweiten Weltkrieg bei allen neuen Generationen einschließlich der heutigen in Amerika gang und gäbe ist. Die Faschismusauffassung von Adolf Born oder Oldřich Jelínek war allerdings stark humorbefreit, sie schlüpften in der Garage bei sich zu Hause bierernst in eine SS-Uniform und rezitierten aus dem Kopf »Mein Kampf«. Als ich Anfang 1951 zu Hause meinen Freunden aus dem damals noch deutsch betitelten »Pražský život« vorlas, gratulierten mir Born und Jelínek aufrichtig, bemängelten jedoch, ich hätte nicht gezeigt, dass die Ursache von all dem Bösen in den Juden lag. Das war für mich dann doch etwas zu viel. Aber im Herbst 1950 verkehrte ich noch freundschaftlich mit ihnen und auch noch ein paar Jahre später (wenn auch nicht zu lange). Medek und ich entdeckten bald unsere Brüderschaft im Saufen, wobei uns Zbyněk Sekal sekundierte, ein alter Freund von Medek. Emila, seine Frau, sah uns sehr ungern. Anfang 1951, oder vielleicht schon kurz vor Neujahr, ja, so muss es gewesen sein, kam, wie bereits erwähnt, Černý vom Strafeinsatz im Steinbruch an der Mořina zurück, und Honza erzählte ihm gleich, sie wäre schwanger von ihm. Sie heirateten sofort. Ich besuchte die beiden von Zeit zu Zeit in einem Hotel in Michle und hoffte, endlich von Honza frei zu sein. Honza jedoch kannte kein

Maß und erzählte Černý ein paar Wochen später, ich hätte sie gezwungen, sein Kind abzutreiben. Černý warf mir das sehr aufgebracht vor. Ich ließ mich lange von ihm beschimpfen, am Ende sagte ich nur, er sollte zuerst Honza und alle, die sie kannten, fragen, ob das Kind wirklich von ihm war oder vielleicht doch von mir. Ihm klappte der Kiefer herunter, er eilte davon, und am nächsten Tag waren er und Honza aus Prag verschwunden. Damit begann ein drastisches Nervenspiel, das Honza in späteren Jahren immer weiter kunstvoll am Leben hielt. Aber damals war es der Schlusspunkt hinter einer Etappe meiner Jugend. Ein neuer Abschnitt fing an.

EIN ELLENLANGES BIER

Bier fand ich seit meinem siebzehnten Lebensjahr lecker, aber ich kam nur selten dazu, das wirklich systematische und fast pausenlose Saufen ging erst jetzt los, im Frühjahr 1951. Deswegen kann ich über die Jahre 1951 bis 1955 kaum detailliert berichten, auch die Chronologie der Ereignisse ist nicht mehr abrufbar. Heute blicke ich staunend auf die Zeit zurück, aber noch in den 1960er Jahren hielt ich sie für eine geradezu heroische Ära und erinnerte mich gerne an sie. Ich will mich nun etwas kürzer fassen als vorher, wobei ich jene Jahre nicht deswegen so ausführlich beschrieb, weil sie mir immer noch am Herzen lagen, sondern weil es sich meine Freunde wünschten, vor denen ich von Zeit zu Zeit etwas über jene fernen Ereignisse fallen gelassen hatte.

An Kneipen und ähnlichen Etablissements gab es in Prag damals eine große Menge, und die heutige junge Generation, die davon keine Ahnung mehr hat, tut mir aufrichtig leid. In manchen Vierteln, wie in Staré Město, Malá Strana und Žižkov, aber auch in Prag II, gab es tatsächlich eine Kneipe neben der anderen. Zunächst hatte ich mit Freunden Obstwermut getrunken, und erst im Sommer 1951 probierte ich zum ersten Mal Bier, das seit dem Krieg nicht mehr produziert wurde, das spendierte mir Lehoučka im Büffet Metro, und mir wollte es damals nicht in den Sinn, wie man davon zwei Halbliter trinken konnte. Später fand ich auch fünfundzwanzig nicht zu viel. In den Jahren trank ich vor allem mit Medek und Pavel Svoboda, mit Herrn Karel und später auch mit Bohumil Hrabal, weniger mit Vodseďálek, Sekal oder Boudník, aber ich soff auch allein oder mit Fremden, die bereit waren, mir ein Bier zu spendieren. Honza trank sehr wenig und ungern. Mein damaliger enger Freund Konstantin Sochor trank auch wenig und ungern, aber er stand mir bei etlichen meiner Saufereien treu zur Seite. Geld hatte ich nicht. Meinem Vater wurde die Rente wesentlich gekürzt, er bekam knapp neunhundert in neuer Währung und gab mir gerade genug für die Straßenbahn. Ich verkaufte also alles von unserem Zuhause, was sich verkaufen ließ, oder verpfändete es wenigstens. Pavel Svoboda machte es auch so, und mein Vater und sein Vater hielten uns wechselseitig für den bösen Geist ihres eigenen Sohnes. Von da war es zum Diebstahl nicht weit. Systematisch nahmen wir alles mit, was uns unter die Hand fiel, wir kämmten Hinterhöfe und Dachböden durch und ließen alles mitgehen: Wäsche, Fahrräder oder – die damalige Mangelware – Kinderwagen. Natürlich kannten wir viele Hehler. Einmal klauten wir Möbel, die einer in den Hausflur gestellt hatte, weil er die Wohnung streichen wollte. Zum Glück mussten wir die schweren Tische, Sessel und Sofas nur ein paar Dutzend Meter weiter zum nächsten Basar schleppen, dort verkauften wir sie auch – wie das überhaupt möglich war, verstehe ich selbst nicht. Insgesamt dreimal standen wir deswegen vor Gericht – dank Honza Krejcarová, die sofort alles hochgehen ließ, was sie wusste –, aber jedes Mal kamen wir auf Bewährung frei oder wurden sogar vollständig freigesprochen, was im Zeitalter von Arbeitspflicht, Arbeitslagern und Kampf gegen Diversanten und destruktive Elemente absolut phantastisch war. Aber es zog uns trotzdem runter, wir bekamen es schon mit der Angst. Zufälligerweise wurde zu dem Zeitpunkt Pfand für Leergut eingeführt, zwei Kronen pro Flasche. Weil es so etwas bis dahin nie gegeben hatte, passte man in den Läden und vor allem in den Kneipen noch nicht gut aufs Leergut auf – die Flaschen standen überall im Hausflur und in den Ecken –, und wir klauten während ein paar Monate Flaschen für zehn-, zwanzigtausend Kronen zusammen. Wir brauchten nur in irgendeine Kneipe zu gehen, ein Bier zu bestellen und aufs Klo zu verschwinden, dort stopften wir uns die Hosentaschen voll mit Flaschen und bezahlten später mit ihnen. Und so weiter da capo al fine. Für große Expeditionen nahmen wir Handkarren mit Kisten mit. In Fruta in Krč oder im Restaurant U parníku am Moldaukai rissen wir uns Tausende von Flaschen unter den Nagel. Dabei half Honza tüchtig mit. Peu à peu versiegten aber die Flaschenquellen, und hätten nicht ein paar meiner Bekannten angefangen zu arbeiten und meine Rechnungen zu übernehmen, wäre ich wohl schlecht dran gewesen. Doktor Hrabal gehörte zu den Ersten. Aber das, was ihm von außen amüsant und pittoresk vorkam, war für mich eine ziemlich furchtbare Alltagsrealität. Und obwohl mir diese Dinge auch reihenweise unwiederbringlichen Kick und Spaß brachten, war die Erinnerung daran nie mit besonderem Spaß verbunden. Als literarische Inspiration taugten diese Erlebnisse auch kaum, abgesehen von einigen allgemein bekannten Gedichten von 1951 oder ein paar Ausnahmen von 1952.

Mein Leben als arbeitsscheues Individuum, kriminelles Element und Saufbold war mehr als offensichtlich – und so ging es einige lange Jahre weiter. Während der Zeit landete ich auch ein paar Mal in der Klapse, aber das half nicht. Für Bier tat ich alles. Damit hörte das aber bei weitem nicht auf. Schon im Februar 1951 lernte ich in der Anstalt einen gewissen Prieložný kennen, ein einstiger Solotänzer des Nationaltheaters. Ein Wort ergab das andere, und wir machten ab, dass ich ihn mit seiner Familie über die Hügel bringe. Von irgendwoher – irgendwie über Vodseďálek – tauchte eine Figur namens Kurscher auf, der sich als Geheimdienstagent des Vatikans vorstellte (damals war in Böhmen alles möglich). Der schien uns tüchtig zu veräppeln, und das, obwohl ihm Prieložný in der Straßenbahn mit einer Pistole drohte. Als die Prieložnýs schon ihre Möbel verkauft hatten, weil sie sich bereits über allen Bergen wähnten, verschwand er und tauchte erst eine Zeit später in irgendeinem Knast wieder auf. Die verzweifelte Familie Prieložný ging also das Sudetenland besiedeln und ließ den kleinen Patrik in meiner Obhut! Er war etwa vier Jahre alt, und man konnte mit ihm noch keine Kneipen frequentieren. Ich rief die alte Lesbe Žofie an, bei der Honza im letzten Sommer gewohnt hatte, und deponierte ihn bei ihr – seitdem hielt sie sich für eine Art Verwandte. Ein paar Wochen später luden mich Prieložnýs schon zu sich ein, sie hätten im Grenzland eine Kneipe eröffnet. Zufälligerweise besaß Sekal im gleichen Dorf ein Rekreationsobjekt. Wir trampten hin – das Dorf lag hinter Děčín direkt an der Grenze – und ließen uns fürchterlich volllaufen. Die Prieložnýs übergaben mir die Kneipe und fuhren nach Prag – Frau Prieložná zu Pavel Svoboda und Prieložný auf Frauenjagd. Durch eine Verkettung von Umständen bekam ich eine Alkoholration für das ganze Dorf geliefert, hatte allerdings kein Geld, um sie zu bezahlen. Die Ration reichte gerade für eine Woche Saufen, dann rief ich die Prieložnýs zurück und fuhr nach Hause.

Im Sommer kam aber unerwartet ein Brief von Honza. Sie lebte mit Černý in Šluknov, beide in irgendeiner Wäscherei angestellt, und beschwor mich mit ihrer alten Liebe. Tatsächlich hatte auch ich sie schon vermisst. Ich trampte dahin und fand sie in einem wirklich jämmerlichen und verzweifelten Zustand vor. Sie war vor echtem Hunger dünn geworden, und auch das Kind war fast verhungert. Sie bewohnten das Parterre eines eisigen Steinhauses und schafften es mit Müh und Not gerade einmal pro Woche zur Arbeit. Durch Hunger komplett verwirrt, begrüßten sie mich überschwänglich. Černý war zum überzeugten Stalinisten geworden und erzählte uns stundenlang mit Begeisterung alle möglichen stalinistischen Legenden über Arbeit, Heimat, Sozialismusaufbau und so. Wir schwiegen, Honza kannte das schon, ich staunte. Natürlich widersprach ich ihm nicht im Geringsten. Seine Geistesstörung war offensichtlich. Dabei arbeitete er nicht, die beiden trugen nur Fetzen am Leib, zu Hause im steinernen Keller gammelte ein Haufen eingeweichter, inzwischen halb vermoderter Wäsche vor sich hin, bis ich es nicht mehr aushielt und Honza überredete, dass wir sie gemeinsam waschen könnten. Das meiste Zeug war aber schon hinüber. Heimlich gingen wir zum Nachbarn, seine Ziege melken, aber wir wussten nicht wie. Ich versuchte mich im Hühnerdiebstahl, aber auch das konnte ich nicht. Honza ernährte die beiden, indem sie in der Fabrik Garn klaute und es nach Prag brachte. Dort mangelte es noch an allem. Černý half im Wirtshaus aus und brachte in einem kleinen Eimer Essensreste mit nach Hause, so wie sie vom Teller geschoben wurden, alles durcheinander. Natürlich wurde Honza beim Garnschmuggel geschnappt und folglich gekündigt. Das Kind bekam in Wasser aufgeweichtes Brot zu essen. Und Honza war schon wieder ganz wild darauf, mit mir in die Kiste zu springen, und gleich schmiedete sie Pläne, was für ein schönes Leben wir gemeinsam haben würden. Nachdem sie mit mir geschlafen hatte, richtete sie es sofort so ein, dass auch Černý mit ihr schlief – woraus sich erneut komplizierte Verflechtungen ergaben. Ich konnte das nicht mehr mitansehen und begab mich nach Prag, um etwas für sie zu organisieren. Die Prieložnýs fielen mir ein. Ich fuhr zu ihnen, und wir kamen überein, dass Honza sich dort einquartieren durfte. Ein paar Tage später kam sie auch, teilte mir mit, dass sie erneut schwanger von mir war, zählte an den Fingern den Tag und die Stunde ab, schlief mit Prieložný, und weil es ihr dort gefiel, holte sie Černý nach und ließ sich dort mit ihm nieder. Weinend fuhr ich weg und schwor Stock und Bein, Honza nie wieder sehen zu wollen. Ich sah sie allerdings bald wieder bei der Lesbe Žofie, es konnte ja nicht anders kommen, als dass die Prieložnýs sie rauswarfen. Honza fand eine Stelle als Hausmeisterin in der Pštrossova Straße, und als die Zeit gekommen war, suchte mich eines Tages im Mánes Herr Karel auf, Honza ließe mir bestellen, sie hätte gerade meinen zweiten Sohn zur Welt gebracht. Černý war beim Militär, und ich fasste mir an den Kopf.

Der Militärdienst war für uns alle das pure Grauen. Sogar den Knast hätten wir besser gefunden. Entsprechend hat auch keiner meiner Kumpel den Militärdienst absolviert, weil wir uns alles Mögliche einfallen ließen, damit es nicht dazu kam. Ein paar von uns wurden zwar eingezogen und abgeführt, aber nach einigen Tagen wieder zurückgeschickt. Am schlimmsten lief es bei Sekal, der als ein besonders hartgesottenes Parteimitglied allen als Beispiel vorangehen sollte, der sprang schon bei der Musterung durchs Fenster, trotzdem wurde er eingezogen und in einer Arbeitsbrigade eingesetzt, die zufälligerweise gleich im Prokopský Tal hinter Hlubočepy ihren Dienst tat, und dort verübte er einen Selbstmordversuch nach dem anderen. Er hätte es ganz bestimmt auch wirklich geschafft, sich umzubringen, wenn man ihn nach einer halbjährigen Quälerei nicht doch entlassen hätte. Boudník wurde vom Militärdienst wegen Blödheit nach Hause geschickt, Herr Karel auch, Vodseďálek konnte alles immer über die Eltern regeln – jeder tat, was er konnte, ich nahm den Umweg über die Klapse. Ich brauchte nur ein Viertel von dem zu erzählen, was ich erlebt hatte, und die Psychiater stellten mir holterdiepolter jedes erdenkliche Zeugnis aus. Am Ende brauchte der Kreisarzt nur einen geübten Blick auf mich zu werfen, und ich bekam das ersehnte blaue Büchlein, wie man das Untauglichkeitsdokument nannte, ausgestellt. Aber das Ganze zog sich über drei Jahre hin, genau in der Zeit, von der ich erzähle, weil sie mir nirgendwohin eine Vorladung schicken konnten. Zur Musterung wurde ich von der Polizei gebracht, freiwillig hätte ich mich dort nicht blicken lassen, vor der Kommission musste man mich stützen, damit ich nicht hinfiel, und ich unterschrieb als General Suworow. Wie ein Schatten folgte mir auf Tritt und Schritt mein Vater und tippte sich bedeutungsschwer an die Stirn. Über meine drei Musterungen könnte ich mehrere Seiten mit düsteren Possen füllen, aber mein Gefallen an solchen Dingen hält sich in

Grenzen, ich bin nicht wie Hrabal, der vielleicht so etwas sogar in einer Schublade liegen hat.

Die Zeit war scharf wie ein Säbel, einige hunderttausend Menschen saßen in Konzentrationslagern, überall gab es Verfolgungen der brutalsten Art, und alles wurde in einem Wahnsinnstempo von Monat zu Monat schlimmer, ein großer Schauprozess folgte auf den anderen, irgendwann waren Marie Švermová & Co. dran, schließlich Rudolf Slánský & Co. Die ganze Nation versank in Unsicherheit, die Hälfte gar im Schrecken, denn wie damals in den 1930er Jahren in der Sowjetunion standen nun die Schleusen offen, und keiner konnte sich mit irgendetwas sicher sein. Vermutlich schafften es nur Kriminelle und Alkoholiker, entspannt auf der Oberfläche jener Zeit zu gleiten – und ich war einer davon; sollte neben mir auch ein Blitz einschlagen, hätte es mich in meinem Alkoholrausch nicht wesentlich gestört. Ich hockte bei Sekal herum, der seiner Frau Nachrichten über den Slánský-Prozess laut vorlas und zufrieden über die Bloßstellung der fiesen Schlangen grunzte, und ich wartete, bis er fertig war, damit wir gemeinsam auf ein Bier gehen konnten, bevor ich später mit Svoboda zu einer Diebestour aufbrach. Bei Hrabal zum Beispiel wurde nie über Politik gesprochen, höchstens über marxistische Philosophie, Hrabal war vermutlich ganz schön vorsichtig, mir fiel es gar nicht auf, dass er so offensichtlich aufpasste, während ich mit Boudník über die Schönheit der modernen Kunst schwadronierte, über den längst zu Grabe getragenen und trotzdem immer noch heißgeliebten Surrealismus, den Dadaismus und den wahnsinnigen Explosionalismus. Sobald man etwas anderes anschnitt, erstarrte er, und seine Augen brachen – eine Zeit lang bemühte ich mich um einen Themenwechsel, hörte dann aber damit auf. Allen war bestimmt klar, und mir als überzeugtem Trotzkisten noch mehr als anderen, dass über uns das Damoklesschwert schwebte, dass das Urteil bereits gesprochen worden war und dass es nie anders oder besser werden sollte. Das wissen wir übrigens auch heute, und siehe da, nicht nur leben wir weiter, sondern wir beschäftigen uns auch nach wie vor mit Geheimnissen der Philosophie und Schönheiten der Poesie, als wäre nichts geschehen. Damals rechnete man wie heute ständig mit einem neuen, weltweiten Vernichtungskrieg. Womöglich fühlten wir es damals noch intensiver als heute, wo wir uns nach dreißig Jahren bereits an den Gedanken gewöhnt haben dürften. Unsere Kunst war keine Flucht, höchstens die von Boudník, wir boten der Todesansage die Stirn – mit Frechheit, wenn nicht Abgestumpftheit, die nicht besserer Dinge würdig war, sondern genau jener. Bis zu Stalins Tod am 6. März 1953 war der immer furchterregendere und immer schnellere Vormarsch der Dunkelheit nicht zu stoppen – wir hatten nicht einmal Zeit zum Ausatmen. Vielleicht war auch das einer der Gründe, warum mich Vater bei allen meinen Eskapaden barmherzig in Ruhe ließ, vielleicht dachte auch er, dass angesichts eines unaufhaltsamen Todes alles egal sei und dass es pure Heuchelei wäre, mich zu zwingen, für dieses Regime etwas zu tun oder gar darin einen Broterwerb zu betreiben. Jedenfalls wurde ich von meinem Vater über jegliches Maß an menschlicher Geduld hinaus toleriert, er akzeptierte, dass ich Gedichte schrieb, die er nicht verstand, er sah sie aber als Arbeit an. Ich machte sein Leben zur Hölle, ich stahl zu Hause, knöpfte ihm den letzten Heller ab, kam täglich besoffen und erst im Morgengrauen heim, häufig voller Schrammen nach einer Schlägerei – und er ließ mich bis in die Puppen schlafen und im Bett herumliegen, Bücher lesen und meinem Wahnsinn frönen. Ich wünschte, mein Schaffen machte wenigstens einen Teil des Leids ungeschehen, das ich ihm zugefügt hatte und das wirklich eine echte Qual gewesen sein musste. Das Ganze zog sich doch von jener Begegnung auf der Mánes-Terrasse ganze zehn Jahre hin. Die Erinnerung an unsere Streitereien setzten mir viele Jahrzehnte in Träumen zu. Er hatte mir buchstäblich das Leben gerettet – das wusste er, und hatte es mir nicht nur einmal gesagt. Ja, mir lag nichts am Leben, allein hätte ich es nicht ausgehalten. Mein Überleben verdankte ich nur dem Wissen, dass ich ein großer Dichter war – einer der größten. Darauf habe ich mir nie etwas eingebildet – ein paar Leute werden das zu bestätigen wissen –, aber ich wusste immer, was ich tat und welchen Wert es hatte. Und ich habe immer bewusst daran gearbeitet, die Dinge noch besser zu machen. Die Bemühung, alles besser und noch besser zu machen, reichte mir vollkommen aus, ich brauchte keine Veröffentlichung, lange Jahre störte mich sogar nicht einmal, dass kaum einer kannte, was ich schrieb (so war das insbesondere in meiner Ehe). Im Frühjahr 1955 hörte ich schlagartig auf, praktisch meinen ganzen Freundes- und Bekanntenkreis zu treffen, und der Verlust meiner Leser machte mir gar nichts aus. Mein Tun folgt seinen inneren Maßstäben, und auch wenn alles der Vernichtung anheimfallen sollte, das Gefühl eines erfüllten und gut verbrachten Lebens würde bleiben. Das allerdings habe ich erst am Ende begriffen, und erst nach dem Leben mit Julie gefällt es mir so gut auf der Welt – in meiner Jugend hatte ich mich viel zu viel beklagt, hatte viel zu viel gejammert und mir eingeredet, dass ich das

Leben total hasste, entsprechend gelitten hatte ich dann auch. Nur der weiseste meiner Freunde, Ingenieur Gottlieb, redete mir das sanft und geduldig aus, mit einer Freundlichkeit, die mir bei all den Schicksalsschlägen, die über mir hereinbrachen und die ich vorwiegend selbst verschuldet hatte, einzig und allein den Trost brachte.

Honza zog mich regelmäßig an und stieß mich wieder ab, und ich litt acht Jahre darunter. Damals, als sie in der Pštrossova wohnte und arbeitete, kam ich sie zwar manchmal besuchen, aber es schien nur noch auf Freundschaft hinauszulaufen. Wie herrlich konnten wir miteinander reden! Ihr Lebenselan war absolut unverwüstlich, und ihre Launen, die guten wie die schlechten, prägten ihr ganzes Umfeld. Der Leser hat inzwischen längst verstanden, dass Honza Nymphomanin war und dass ihr kaum einer, auf den sie es abgesehen hatte, entkommen konnte – und sie stellte fast jedem nach, der ihr unter die Finger kam, sollte es auch nur der verkrüppelte Hausmeister aus dem Nachbarshaus sein. Danach flog sie natürlich aus dem Hausmeisterjob raus, aber als Mutter mit Kindern (jetzt lohnte sich die Mutterschaft endlich) bekam sie sofort eine neue Wohnung zugewiesen, gleich um die Ecke in der Straße V Jirchářích. Als wir uns lange nicht mehr gesehen hatten, rief sie mich einmal in Podolí bei unseren Untermietern an. Damals machte ich bei ihren Anrufen schon keine Sperenzchen mehr, also kam ich sofort vorbei. Ich liebte sie wirklich, wir kannten uns gut, ich wusste, wie sie tickte, und mochte sie gern. Sie rief mich also Anfang 1953 zu sich. Als ich kam, scharwenzelte sie um mich herum und leckte sich dabei die Lippen ab wie ein Kater. Längst war sie für mich keine Verheißung von

Glück, sondern nur von Betrug und Schwindel, aber sie zog mich ins Bett, und es geschah ein Wunder – an dem Tag liebten wir uns endlich wie Verliebte es tun, und ich lernte zum ersten Mal den wahren Zauber der physischen Liebe kennen. Wir liebten uns wie verrückt, und das ging etwa sechs Wochen lang – oder länger. Aber Honza kannte weder Maß noch Ziel und schlief am Ende mit Medek, das konnte ich nicht tolerieren und machte Schluss. In der Liebe waren wir wie die Kinder. Und natürlich kam wieder die Geschichte mit der Schwangerschaft, diesmal hielt sie aber nur bis zur Geburt durch, weil Medeks Vaterschaft sofort zu sehen war, was Honza ziemlich enttäuschend fand, weil sie keinen mehr an der Nase herumführen konnte. Nur Černý ging damals die Sache gründlich an und suchte Medeks Frau Emila auf und verlangte von den Medeks Alimente. Emila verdiente damals ein paar Hundert Kronen und Medek keinen lumpigen Heller, also ging Černý leer aus. Später, als Medek ans Geld kam, war Honza zwar noch immer mittellos, aber da hatten sie den kleinen František schon zur Adoption freigegeben. Diese kurze paradiesische Auszeit blieb in unserer Beziehung, die nicht nur für mich, sondern auch für Honza fatale Züge hatte, eine einmalige Episode. Sie kam aber immer wieder zu mir zurück, alle unsere Begegnungen fußten auf ihrer Initiative. Sie schritt von einem Scheiß zum nächsten, und Černý half ihr aus keinem heraus. Immer fing sie irgendwo an zu arbeiten, kassierte den Vorschuss inklusive eventueller Arbeitskleidung oder Material für Heimarbeit (Nähstoffe und so weiter) ein, und ward ab dem Moment nicht mehr gesehen. Die Dienstsachen oder das Arbeitsmaterial verkaufte oder versetzte sie. Immer wieder und immer wieder. Zwischen 1951 und 1955 beziehungsweise bis 1957 erlebte ich alle ihre Nöte mit ihr gemeinsam, ich ließ es über mich ergehen, meistens musste ich ja selbst zahlen dafür, indem ich meine eigene Kleidung versetzte oder verkaufte, damit zum Beispiel ihre Dienstkleidung erstattet werden konnte. Wie damals, als Honza mehrmals hintereinander bei der Straßenbahn eingestellt wurde, bis in der Kartei vermerkt wurde, mit wem sie es zu tun hatten. Auch die Fahrkarten verkaufte sie schwarz, für den halben Preis, um dann im Wagen – sofern sie den Dienst überhaupt antrat – tagelang keine zu verkaufen. Sie brachte die Uniform ins Leihhaus und ging in Zivilkleidung zur Arbeit, wobei sie sich die phantastischsten Ausreden einfallen ließ. Sie litt – vermutlich bis zu ihrem Tod – unter pathologischer Konfabulation, später begegnete ich dieser Krankheit in ähnlich ausgeprägter Form nur bei dem Alkoholiker Dr. Kotek in der Staatsbibliothek. Nicht nur fabulierte Honza, wenn sie in der Klemme steckte, das unmöglichste Zeug zusammen, sie hatte auch ein unüberwindliches Bedürfnis danach, sich ständig alles Mögliche auszudenken, und mystifizierte ihr Umfeld Tag für Tag auch in Bezug auf die allerkleinsten Einzelheiten. Man durfte keine Information, die von ihr kam, ernst nehmen. Das Fabulieren war ihr so natürlich, dass sie manchmal selbst richtig erstaunt war, wenn sie die Wahrheit sagte. Und wollte ihr einer ihre Lügen beweisen, wurde sie fuchsteufelswild. Subjektiv waren es für sie wohl keine Lügen. Auch diese verdammte Eigenschaft mochte ich an ihr gerne, häufig war es eine gute Quelle von Spaß. Wo immer sie wohnte, herrschte in ihrer Wohnung ein solcher Saustall, dass die Bezeichnung Postmortalie, mit der Herr Karel in Anlehnung an die berühmte Geschichte von Ladislav Klíma ihre Wohnung beschrieb, keine Übertreibung war. Daher redeten viele despektierlich über sie – aber Honza brauchte nur mit dem kleinen Finger zu winken, und schon lagen sie in ihrem Bett. Gerne möchte ich denjenigen sehen, der in puncto dieser Sache den ersten Stein werfen würde. Černý war inzwischen längst – während des Militärdienstes – zum bigotten Katholiken geworden, und sein einziger bleibender Erfolg bei Honza bestand darin, dass auch sie ein paar Jahre später konvertierte und sich samt der Kinder taufen ließ. Ihr christlicher Glaube war sehr aufrichtig und zweifelsohne viel inniger, als es bei 99 Prozent der heutigen Christen der Fall ist.

Von den neuen Menschen, die ich nach meiner Wiener Anabasis kennenlernte, waren für mich am wichtigsten Sochor, Gottlieb und Hrabal. Mit Konstantin Sochor kam ich zufällig ganz am Ende von 1951 bei Andrej Bělocvětov zusammen, und er wurde für etliche Jahre zu meinem täglichen Begleiter. Ingenieur Gottlieb begegnete ich im Herbst 1952 in Dobřany in der Psychiatrie. Und Hrabal lernte ich unter mir nicht mehr bekannten Umständen irgendwann Ende 1951 kennen – auf irgendjemandes Empfehlung hatte ich ihn in Libeň aufgesucht. Der um sechs Jahre ältere Konstantin Sochor mied die Arbeit genauso wie ich, und dementsprechend erlebte er zu Hause ähnliche Katastrophen, er hatte nie Geld, dafür aber den ganzen Tag zur freien Verfügung. Deswegen taten wir uns zusammen. Unser Kennenlernen fiel in eine Zeit, als ich mit großer Wucht meine Marxismuskrise durchmachte, beziehungsweise an der von Engels dargelegten Interpretation des dialektischen Materialismus zweifelte, denn das war das Einzige, was uns damals zur Verfügung stand. Näheres dazu findet sich in »Knížka o tom, jak se mi filosofovalo« (Büchlein darüber, wie mir das Philosophieren gelang). Die Krise war tief, und das Erlebnis erschütternd. Ich hatte nicht nur das Gefühl, den Boden unter den Füßen zu verlieren, sondern auch, dass die ganze Welt mit mir unterginge. Ich durchschaute die bemitleidenswerte Naivität des engels'schen Konzepts und verstand, dass es philosophisch nicht tragbar war, aber ich wusste nicht weiter. Eine religiöse Erziehung hatte ich nie bekommen, also zog mich nicht einmal die Religion an, das Christentum schon gleich gar nicht, mit Philosophie hatte ich mich wiederum nie systematisch beschäftigt, höchstens mit der Antike, alles andere kannte ich nur aus František Drtinas »Dějiny filosofie« (Geschichte der Philosophie) und ähnlichen Handbüchern, und so stand ich mit leeren Händen da. Den Weg heraus musste ich allein suchen. Dass ich ihn suchen musste, war mehr als sonnenklar, ohne Philosophie konnte ich nie leben, auch nicht ohne die Lösung der Grundsatzfragen, mir ging es total gegen den Strich, dass die meisten Menschen sich gar nicht darum scherten und der Rest nur fruchtlos meditierte, ohne in die Tiefe zu gehen. Ich verstand nicht, wie man leben konnte, ohne von morgens bis abends über die grundlegenden Fragen nachzudenken, wobei die Kardinalfrage natürlich an Gottes Existenz rührte. Die ließ mich nicht mal beim Saufen frei, ich redete von nichts anderem, höchstens noch von der Kunst. Aber auch die war für mich ganz eng mit philosophischer Problematik verflochten. Meinen Freunden ging ich damit ziemlich auf den Senkel, allein Sekal war mehr oder minder gewillt, sich auf solche Debatten einzulassen, nur war er damals noch ganz heftig im orthodoxen Stalinismus verfangen, der für all diese Probleme ein einfaches Rezept parat hatte. Konstantin Sochor führte mich an eine neue Perspektive heran: Buddhismus und Indien. Seine von intellektueller Skepsis gesteuerte Position war allerdings die eines vorsichtigen Beobachters mit starker Vorliebe für Mysterien (er definierte sich übrigens auch als Marxist und vertrat in der Politik ziemlich stalinistische Meinungen). Ein Denker war er nicht, und sein Wissen von Buddhismus und den verwandten Religionen war weniger als oberflächlich, aber er machte mich auf die Existenz von Dingen aufmerksam, die ich bis dato nur von oben herab betrachtet hatte und die in meiner philosophischen Krise jenen Strohhalm darstellten, an den sich der Ertrinkende klammert. Also fingen wir gemeinsam an, die Kataloge der Universitätsbibliothek, des Instituts für Orientalistik und ähnlicher Einrichtungen zu durchforsten. Und ich legte mit einem ungeregelten Studium fernöstlicher Dinge los. Rasch war ich imstande, theosophische Augenwischerei zu erkennen, und trotz jeder Menge theosophischen Schwachsinns, dessen Lektüre aber richtig Spaß machte, fand ich rechtzeitig zu Buddha und zu Laotse. Mit Konstantin konnte ich den ganzen lieben Tag philosophische Probleme wälzen und mich den wildesten Spekulationen über Metaphysik hingeben; die endlosen Monologe, die ich mit ihm führte, waren eine gute Übung in abstraktem Denken. Meine Lektüre war wie Kraut und Rüben, Meister Eckhart kam genauso vor wie Zhuangzi und Buddha oder Fausts »Magia Innaturalis« – Sochor besaß das abgetippte Samisdat-Manuskript, das erst ziemlich viel später veröffentlicht wurde –, trotzdem verschaffte ich mir einen gewissen Überblick. Von jedem Töpfchen probierte ich gedanklich etwas aus und habe mit definitiver Gültigkeit eine Menge begriffen. Als ich viele Jahre später meinen »Buddha« schrieb, brauchte ich keine weitere Literatur zu studieren. Wegen der Möglichkeit, ständig über Philosophie palavern zu können, wurden Konstantin und ich geradezu unzertrennlich, sehr zum Befremden meiner anderen Freunde, weil Konstantin einen unangenehmen Charakter und außerdem einen schlechten Ruf hatte, denn sein Bruder arbeitete bei der Staatssicherheit. Seinen unguten Charakter bekam auch ich manchmal zu spüren. Seit 1968, als er noch vor dem 21. August legal ausgewandert war – als Ehemann einer Äthiopierin (das heißt von Julie Brčková, die die äthiopische Staatsangehörigkeit besaß!) –, habe ich nichts mehr von ihm gehört. Zu dem Zeitpunkt hatten wir aber auch schon seit zehn Jahren nicht mehr miteinander gesprochen.

Falls Konstantin die Seite des »orientalen Irrationalismus« repräsentierte, verkörperte Ingenieur Gottlieb für mich die Tradition des europäischen Rationalismus. Eine glückliche Kombination. Gottlieb war ein Jude mit vom KZ zerzausten Nerven, und als ich ihn kennenlernte, war er wirklich ganz am Ende. In der Klinik von Dobřany taugte er höchstens als Krähenscheuche. Er wäre mir kaum aufgefallen, wenn er eines Tages nicht etwas von Morgenstern gemurmelt hätte, den ich damals gerade fertig übersetzt hatte, und zwar richtig gut. Morgenstern war bei uns praktisch unbekannt, also fanden Gottlieb und ich Gefallen aneinander. Bald darauf büxte ich wieder aus, und Gottlieb fand einen weiteren Aufenthalt auch nicht nötig, also trafen wir uns bald in Prag. Unsere gemeinsame Sprache war Deutsch, damit hielt ich mich sprachlich in Form, und als ich Gottlieb nicht mehr regelmäßig sah, verkümmerte mein aktives Deutsch sehr schnell. Gottlieb verdiente seine Brötchen mit technischen Übersetzungen und verbrachte ganze Tage in der Passage Alfa in der öffentlichen Schreibstube, wo ich mir von ihm jeden Tag fünf Kronen holte. Er trank kaum und leistete mir bei meinen Sauftouren nie Gesellschaft. Seine Leidenschaft war Philosophie, er beschäftigte sich mit Spinoza, Descartes und Platon. Vor allem mit Spinoza und einigen zeitgenössischen Spinoza-Anhängern (deren Werke ich trotz aller guten Absichten nie gelesen habe). Gottlieb war ein außergewöhnlicher und weiser Mensch, auch wenn ich später mitansehen musste, wie seine geistigen Kräfte dahinschwanden. Geboren wurde er in Ungarn, aber Prag, das er sehr liebte, war seine Wahlheimat. Auf seine alten Tage hatte es ihm Palästina angetan, einmal fuhr er hin, und nach seiner Rückkehr sah ich ihn nie wieder, ich glaube, er ist schließlich noch einmal hingefahren, weil er dort sterben wollte, mit zunehmendem Alter zog ihn der Glaube seiner Vorfahren immer stärker an. Wir übten uns tapfer im Philosophieren, und ich hatte endlich einen Erwachsenen, dem ich alle meine intimen Qualen anvertrauen konnte und der mir väterlich zur Seite stand. Gottlieb sah in mir den göttlichen Funken, das sagte er offen, und ging deswegen sehr fein und delikat mit mir um, er hegte und pflegte mich und spielte sich nie als Mentor auf, nicht einmal aus Versehen, nie behandelte er mich von der Warte eines Klügeren aus, obwohl er nicht hinterm Berg hielt, dass er wusste, wie wirkliche Not im Leben aussah. Unsere Beziehung war liebevoll, obwohl ich auch ihn manchmal quälte – zum Beispiel ließ ich ihn allein im Kaffeehaus zurück, ohne bezahlt zu haben.

Im Gegensatz zu Gottlieb bedeutete mir Hrabal – ich nannte ihn Doktor – viel weniger. Auch mit ihm ließ sich stundenlang philosophieren, er war aber vor allem für den Jux zuständig. Wir hielten heldenhafte Saufgelage ab, und häufig sah uns dabei Boudník zu, der fürs Trinken nicht viel übrighatte. In dieser Runde wurde vor allem über Kunst geredet. Und so philosophierte ich mich glücklich durch meine Trinkerjahre durch, weil die einzigen, mit denen man nicht über Nichts sprechen konnte, Pavel Svoboda und vielleicht auch noch Herr Karel waren, mit denen ich aber genau deswegen weniger Umgang pflegte. Das alles kam mir an der Philosophischen Fakultät und während der folgenden ernsthaften Beschäftigung mit der Philosophie natürlich sehr zupass. Aber alle staunten immer über eins – und zwar nicht nur Hrabal, der darüber auch schrieb, sondern alle –, nämlich wie ich all das bewältigen konnte: das tägliche Saufen, Klauen und Betteln, Streiten mit Honza, Lesen, Philosophieren und last but not least auch noch Schreiben. Dabei fand man mich täglich an zehn Orten gleichzeitig! Und doch war ich am glücklichsten, wenn ich die Universitätsbibliothek oder den Lesesaal des Kunstgewerbemuseums betrat. Etwa ein Jahr lang verkehrte ich mit Sochor, Gottlieb und auch mit Svoboda im Café Šroubek, wo ich eine Reihe interessanter Gestalten kennenlernte. Auch das kam mir später sehr zupass. Dort entflammte ich für die oben erwähnte Julie Brčková, die mir allerdings zuerst vom Frauenheld Svoboda weggeschnappt wurde und danach von Konstantin. Aber es war nicht schlimm. Allein besuchte ich damals am liebsten die sogenannte Wandalen-Bar, also die Kneipe U Šenfloků am Wenzelsplatz. Die befand sich gleich über dem Café Šroubek, und bis zwei Uhr morgens bekam man dort billig frisch gezapftes Bier ausgeschenkt. In der Bar traf sich die Prager Unterwelt, die Polizei traute sich nur zu viert hin, jede Woche lag dort einer mit dem Messer im Rücken herum, die Nutten besorgten es dir unterm oder auf dem Tisch, Obdachlose schliefen sich unter den Bänken aus, und man konnte sich da auch ohne eine einzige Krone in der Tasche einen Rausch antrinken, denn jeden Tag gab ein erfolgreicher Ganove eine Runde aus – in der Wandalen-Bar ging es immer sehr lustig und gesellig zu. Im Winter, wenn ich mir beim Warten auf die Vierzehn an der Ecke Wenzelsplatz/Jindřišská Straße die Beine in den Bauch stand, malte ich mir aus, ich würde das tibetische Tummo beherrschen. Meistens ging ich ohne Konstantin oder Svoboda hin. Auch sie fanden den Laden ein bisschen zu wild.

Einmal (etwa im März oder April 1953) fuhr ich aus der Bar nach Hause, es war noch nicht so spät, und ich war ausnahmsweise nicht ganz blau. Ich saß in der Straßenbahn und spürte plötzlich von meinen Hoden aus einen glühenden, streichholzdicken Strahl von etwas wie Quecksilber die Wirbelsäule hinaufschießen. Es tat nicht weh. Der Strahl stieg rasch hinauf, in Sekundenschnelle war er in der Halswirbelsäule angelangt, die Welt um mich herum fühlte sich auf einmal irgendwie transparent an, und ich erschrak, aber sobald ich meine Aufmerksamkeit auf die Quecksilbersäule richtete, fiel sie runter, wurde meine Aufmerksamkeit schwächer, stieg sie wieder höher – und so die ganze Fahrt über bis nach Hause. Mir jagte das richtig Angst ein. Gerade weil ich nicht besonders betrunken war. Hoffentlich ist das nicht der Anfang von Schizophrenie, dachte ich, aber nachdem ich eine Runde geschlafen hatte, tat ich das Ganze als Unsinn ab und fertig. Ein paar Tage später kam es aufs Neue, wieder war ich fast nüchtern, wieder unterwegs nach Hause, alles wie gehabt. In den nächsten Tagen wieder. Seit ich gemerkt hatte, dass ich es durch Aufmerksamkeit beeinflussen konnte, jagte es mir nicht mehr so viel Angst ein, eine unschädliche Nervenangelegenheit, dachte ich. Beachtete ich es zu stark, sackte es zusammen, blieb ich psychisch passiv, schoss es mir fast in den Hals. Zufällig erwähnte ich das vor Konstantin. Der schüttelte den Kopf, aber ein paar Tage später meinte er, ein Buddhist würde mich gerne sprechen. Es war Fráňa Drtikol, mir dunkel als ein Fotograf der Ersten Tschechoslowakischen Republik bekannt. Als ich von seiner Berühmtheit innerhalb der »mystischen Kreise« erfuhr, da lag er schon auf dem Sterbebett. Fráňa musste man duzen, das fand ich ungewöhnlich, mit den meisten meiner Freunde verkehrte ich per Sie. Er ließ sich von meinen Erlebnissen berichten und sagte, ich sollte es nicht weiter beachten – was ich ohnehin vorhatte –, es sei die Schlangenkraft. Damit konnte ich damals nichts anfangen. Er fügte noch hinzu, viele Menschen würden alles dafür geben, es nach Jahren von Bemühungen zu erreichen, und ich hätte es umsonst bekommen, das wäre doch prima, bloß nicht darin wühlen. Das war schon starker Tobak für mich, zumindest anfangs. Obwohl ich gerade mit dem dialektischen Materialismus von Engels Schluss gemacht hatte, hielt ich mich immer noch für einen philosophischen Materialisten (natürlich auch für einen Atheisten, weswegen mir der Buddhismus, vor allem in seiner reinen Form, so naheging) und Marxisten. Das wollte mir Fráňa, ein langjähriger Funktionär der KSČ, auch gar nicht ausreden, in der Hinsicht war er voll auf meiner Linie, er sagte nur, hinter dem, was ich als materialistisch geeichter Marxist für selbstverständlich halte, gebe es noch mehr, etwas, was die erste Stufe nicht aufhebe, sondern sie im Gegenteil kröne – so zumindest fasse ich heute seine damaligen Andeutungen zusammen. Dass ich damals nie Yoga geübt hatte, das brauche ich vielleicht gar nicht zu sagen, auch später habe ich es nie gemacht, Yoga ist für mich ein Hilfsmittel ohne besondere Bedeutung, gerade so für Selbstverblödung gut. Aber Fráňa empfahl mir auch keine Übungen. Er sagte, ich hätte es im Kopf, und irgendwelche Übungen würden mich nur durcheinanderbringen. Auch das Saufen würde mir eines Tages vergehen. Der Menschheit moralische Gebote aufzuerlegen wäre ohnehin Blödsinn, fügte er hinzu, in meinem Fall ein doppelter. Das fand ich sympathisch, also kam ich ihn manchmal besuchen, aber ehrlich gesagt war es für die Katz, damals war ich ein waschechter Idiot. Ich wollte etwas über mystische oder noch eher okkulte Phänomene hören, die für Fráňa jedoch schon lange keine Rolle mehr spielten, und wenn er dann doch ab und zu was in der Richtung fallen ließ, um mich loszuwerden, begriff ich es nicht einmal. Also stellte ich meine Besuche ein, und die einzige Folge der ganzen Affäre war ein Haufen Bücher über tibetische Lehren, die ich verschlang, ohne etwas davon zu verstehen. Nur sah ich seit jener Zeit oft alles in lila Farbe getunkt. Konstantin und ich klapperten eine Reihe Prager Yogis, Okkultisten und Theosophen ab, aber abgesehen von dem aufrichtigen Herrn Lžička waren das alles aufgeblasene Halbgelehrte, deren gesamtes Wissen auf ein paar abgelutschten deutschen Büchern gründete, die ich peu à peu in der Universitätsbibliothek entdeckte. Da half es auch nichts, wenn sie sich wie Herr Klíma aus Žižkov für Meyrinks Mitarbeiter ausgaben. Aber nolens volens fungierte ich seit jener Zeit als Magnet für alle theosophischen Wirrköpfe, und das etliche Jahre lang. Sie hielten mich auf der Straße an, setzten sich im Café oder in der Tram zu mir, sie fuhren auf mich ab wie Mäuse auf den Speck, weil ich, wie sie meinten, Geheimwissen ausstrahlte. Meistens war das nur richtig peinlich, man konnte mit ihnen nicht einmal reden, so dumm waren sie. Noch als ich im Museum auf den Walfisch aufpasste, kamen sie zu mir, nicht einmal auf der Fakultät war ich vor ihnen sicher. Während dieser Jahre lernte ich einige Reinkarnationen von Ramakrishna kennen, mindestens zwei Wiedergeburten von Jesus Christus und eine ganze Reihe weniger imposanter Gestalten. Darunter auch einen gewissen Hejhal, zu dem komme ich aber später. Den bekam ich persönlich zwar nicht zu Gesicht, aber er hatte es auf mich abgesehen, und ich entwischte ihm nur mit Müh und Not.

Da ich nach den vielen Gerichtsverfahren Angst vorm Stehlen entwickelt hatte, beschloss ich, von meiner Feder zu leben. Dem Verlag Práce bot ich für die Reihe »Neues aus der Welt der Literatur« einen antiimperialistischen wissenschaftlich-phantastischen Roman an. Den schrieb ich im Winter 1952/53 auch, ließ ihn abtippen und brachte ihn zu ihnen. Sie schlossen mit mir einen Vertrag über 40 000 Kronen alter Währung, aber irgendein Redakteur verlangte stilistische Änderungen von mir, also ließ ich es sein. Ich hatte nämlich parallel an einem wissenschaftlich-phantastischen antisowjetischen Roman geschrieben, den schätzte ich weit aussichtsreicher ein, und wollte ihn bei der Flucht als mein einziges Gepäck mitnehmen – die Emigration war immer noch eine Möglichkeit, wenn nicht gar Notwendigkeit für mich –, um draußen mit meinem Schreiben reich zu werden. Das hätte wirklich klappen können, ich wusste, was ich wollte, und trug es mit fetten Farben auf (den Höhepunkt des Romans sollte die totale Niederlage der USA und die Unterwerfung der gesamten Welt unter die Sowjets bilden), ließ aber auch das Menschliche nicht zu kurz kommen, kurzum: Der Text war in etwa so, wie heute Arthur Hailey schreibt. Damals sagte Vodseďálek bass erstaunt, diesen Roman würde auch die seriöse Literaturkritik ernst nehmen müssen, das war echt zum Schlapplachen. Sein Torso vergammelt irgendwo in den Archiven der Staatssicherheit, die im Frühjahr 1954 bei mir alles leer geräumt hat, dazu komme ich aber noch. Dies nur der Vollständigkeit halber, damit von meinen Beschäftigungen der Jahre des ellenlangen Biers nichts unerwähnt bleibt.

BIS ZUM HALS IN DER SCHEISSE

Nach meiner Rückkehr aus Wien wohnte ich meistens zu Hause. Zwei Straßen weiter breitete sich eine unbebaute Ebene aus, die weit bis nach Krč reichte, dort gab es ganze Dörfer aus Notunterkünften, mit engen Gassen, noch engeren Gärtchen und einem winzigen Marktplatz. Ansonsten Felder. Dort, wo heute die Schwimmhalle von Podolí liegt, stand ein Zementwerk, das noch im Krieg in Betrieb gewesen war, dahinter ragten zerklüftete Hänge in die Höhe, auf die Abfall aus dem Zementwerk und städtischer Müll mit einer Seilbahn hinaufbefördert wurden. Nicht weit entfernt lag die Tierauffangstation – die Schindhütte. Entsprechend hieß die ganze Gegend Zur Schindhütte. Es war eine Fundstelle für Trilobiten und sonstige paläozoische Fossilien, manche Amateurliebhaber klopften dort täglich die Felsen ab. Für kleine Jungs war es eine Wildnis, in der man auf schmalen Pfaden über gefährlichen Abgründen lief. Kleine Tümpel gab es dort und Behelfsunterkünfte, auch ein paar ausgebaute Erdlöcher noch aus dem Krieg und allerhand sonstiges Zeug wie ein alleinstehendes Mietshaus und einen Fußballplatz. Und (das bis heute) einen wunderschönen Blick auf Prag. Na, und seit meiner Rückkehr aus Wien zog es mich immer stärker dorthin. Manchmal wurde ich von einer seltsamen Stimmung erfasst, und ich musste wirklich aus dem Haus rennen, bis zur Schindhütte, wo ich

116

dann bei jedem Wetter wie von Sinnen herumlief, wild gestikulierte und ekstatische Verzückungen erlebte. Sie waren echt, heute bin ich mir darüber dank der Erfahrung aus späteren Jahren ganz sicher, vorwiegend handelte es sich um ästhetische Ekstasen, immer häufiger aber auch um metaphysische. Meine Gedanken rasten in unglaublicher Geschwindigkeit und spülten eine Flut an Schätzen heran, die ich nicht einmal zu registrieren vermochte. Vor meinem inneren Auge tauchten Geflechte von ungeahnten Zusammenhängen auf. Diese Erlebnisse hatten die Festigkeit einer inneren Evidenz, und auch das dichteste gedankliche Kuddelmuddel fühlte sich absolut klar an. Meistens ließ sich das nicht mit Worten beschreiben, und wenn ich es manchmal doch zu Papier brachte, sah es wie Kraut und Rüben aus, am Ende war es Blödsinn, ein in der Philosophie längst bekanntes Etwas, eine lediglich neue Facette trivialer, allgemein bekannter, wenn nicht längst überholter Dinge – zu denen ich aber durch ein Erlebnis, eine Eruption gelangte und nicht durch Lektüre. Erst a posteriori fand ich es in Büchern wieder. Manchmal nicht einmal das. Es waren ekstatische Erlebnisse, die eigentlich nie in etwas Nützlichem mündeten und ausnahmslos in der Kneipe endeten, aber es waren Erlebnisse, die mich stark belebten und deren inneres Licht mir Lebenskraft schenkte. Sie vermittelten mir eine Ahnung von absoluter Schönheit, von der absoluten Einheit des Ganzen, eine Ahnung von absoluter Harmonie aller Beziehungen – erotische Erlebnisse jedoch ganz ausgenommen, agapische Erlebnisse nur selten. Eins der letzten ekstatischen Erlebnisse, einem Blitz während eines Gewitters nicht unähnlich, der alles ausleuchtet und die ganze Landschaft auf einmal erscheinen lässt, ein solches

Erlebnis ereilte mich im Frühling 1968 am Ufer der Moldau direkt gegenüber der Schwarzenberg-Insel (heute die Insel der Ruderer oder so ähnlich), als ich nur ruhig im Gras lag. Damals erschien mir mit außergewöhnlicher Klarheit, geradezu visuell, die Einheit aller dialektischen Beziehungen, die gesamte Dialektik des Universums, wie es lebt, pulsiert und ineinanderfließt – und was soll ich noch dazu sagen: Unterbrochen wurde die Vision von einem Kämpfer für die Befreiung Palästinas, der mit mir, dem vermeintlichen Häuptling des tschechischen Maoismus, sprechen wollte. Diese stürmischen Erlebnisse haben die Zeit des ellenlangen Biers sicherlich noch deutlicher geprägt als die Diebstähle von Bettlaken und Fahrrädern, sie sind die Verkörperung der Kraft der Jugend, über die das Alter nicht mehr verfügt. Schade drum – heute würde mich bei so etwas aber vermutlich der Schlag treffen. Die spätere, philosophisch produktive Intuition äußerte sich schon ruhiger, es handelte sich auch eher um Erlebnisse des reinen Intellekts, obwohl auch sie von appellativer, für mystische Erfahrungen typischer Dringlichkeit begleitet wurden. Damals, etwa im Frühjahr 1954, ging es mit den philosophisch geprägten Erlebnissen erst los. So sah das zum Beispiel aus: Ich saß abends am Tisch und schmierte irgendwelche inkohärenten Verse aufs Papier, ohne etwas Rechtes zustande zu bringen. Das tat ich damals in einem fort und füllte mit misslungenen Gedichten ganze Papierberge. Aber plötzlich, ohne dass ich wusste, was ich tat, ohne daran zu denken, schrieb ich: »Sollte es Gott nicht geben, ist das Leben sinnlos.« Und flugs schrieb ich darunter: »Gott gibt es nicht.« Das zog mir die Füße weg, ich sprang hoch und wieherte vor Begeisterung, es kam mir vor, als hätte ich etwas Großartiges begriffen, womöglich alles. Ich konnte es nicht fassen – als Adept des Buddhismus verwendete ich das Wort Gott nie. Aber jetzt fand ich es rundherum einleuchtend, dass mein Geschreibsel die absolute Wahrheit zum Ausdruck brachte, die echte Wahrheit – und zwar in beiden Sätzen. Für einen verbissenen Atheisten wie mich eine unglaubliche Entdeckung. Ein neues Universum wurde sichtbar. Zum ersten Mal sah ich die Lage der Welt aus dem Blickwinkel der Nichtexistenz Gottes. Dies wurde bis dahin von allen möglichen atheistischen und materialistischen Lehrsätzen im Dunkeln gelassen. Die verschiedenen Formen, in die ich diese Erkenntnis später goss, egal ob die von Nietzsche oder von Ladislav Klíma, haben daran keinen Deut geändert. Bis heute suche ich ständig nach einer Lösung für dieses Problem, ich fühle mich ihr zwar immer näher, nichtsdestoweniger stehe ich immer noch draußen vor der Tür. Das also war die Scheiße Nummer eins.

Nach der Währungsreform von 1953 fühlten Konstantin und ich uns ausgesprochen bettelarm, und Konstantin trieb für uns einen Sommerjob als Landvermesser auf. Irgendwo bei Police nad Metují oder so (genau dort, wo sich die aus dem gleichnamigen Roman von Alois Jirásek bekannte Felsenlandschaft Skály befindet) sollten wir auf einem hohen Vermessungsturm hocken und nachts mit einem Reflektor und tagsüber mit einem Heliotrop Signale absetzen. Für die damaligen Verhältnisse gab es dafür einen Haufen Geld. Ich hatte im Frühling einen neuen Roman angefangen, diesmal nur für mich selbst, in einer Art »schizophrener« Technik, und zwar wiederholte sich jedes Kapitel, einmal fand es real statt, ein zweites Mal im Traum. Am Ende sollte sich alles irgendwie vermischen. Ich arbeitete sehr penibel und langsam daran, achtete auf jedes Wort. Da ich das Manuskript mit dabeihatte, tat ich dort außer Saufen und Schreiben nichts, Konstantin genauso, der kam im Laufe der Zeit nicht einmal auf den Turm hinauf (ich wiederum hatte auf der geräumigen Beobachtungsplattform mein Quartier bezogen und übernachtete auch dort – bei Nebel wunderschön) und hielt nur Maulaffen. Am Ende kassierte er meinen Lohn ein, in der Meinung, es wäre schade, wenn ich mir das ganze Geld durch die Kehle jagte, aber ich fuhr sauer nach Hause. So blieb mein Verdienst gleich null, zudem hatte ich durch mein Geplapper den Verdacht eines örtlichen Denunzianten geweckt und geriet so ohne mein Wissen wieder ins Visier der Staatssicherheit.

Im Herbst besuchte mich mein einstiger Mitschüler Kobza, der, vom Unglück geradezu verfolgt, schon dreimal wegen Fluchtversuchs gesessen hatte, und bat mich, Freunde von ihm über die Grenze zu bringen, es gäbe dafür eine reichliche Belohnung. Ich lehnte ab mit dem Hinweis, vor der Route über Bystřice hätte ich Angst, und eine andere würde ich nicht kennen. Ein paar Tage später setzte sich im Café U Šroubků ein sehr sympathischer Typ zu uns, im Laufe des Gesprächs kam heraus, dass er Deutscher war und in Karlsbad lebte, und irgendwie kam auch das Thema Rübermachen zur Sprache, und er deutete an, in der Richtung einschlägige Erfahrungen zu haben. Auch Kobza tauchte wieder auf und drängelte. Ich versprach, über die Sache nachzudenken. Der Karlsbader ging nicht verloren, sondern kam wieder, und diesmal sprachen wir Klartext. Er schien helfen zu können. Über Kobza ließ ich den vermeintlichen Interessenten ausrichten, mein einziger Wunsch wäre eine Stelle als Leuchtturmwärter in Schweden, die Leute sollten dort millionenschwere

Bekannte haben – ein Wunsch, der mir damals wie auch später hundertprozentig ernst war. Mein trotzkistischer Elan hat sich längst verflüchtigt, ich hatte mir längst eine eigene Meinung über den Trotzkismus gebildet und sah darin keine Perspektive mehr. Die vermeintlichen Interessenten tauchten im Café auf, und ganz zufällig kamen auch sie aus Karlsbad. Bis heute bin ich eine naive Seele, damals war ich es noch mehr. Gutmütig tappte ich in die Falle. Im Frühjahr 1954 nahmen sie mich nach Karlsbad mit, damit ich vor Ort alles regeln könnte, und ich packte mein Manuskript ein, das Wertvollste, was ich hatte. Gleich am ersten Abend ging es verloren, entweder wurde es von der Staatssicherheit einkassiert oder samt der schönen neuen Aktentasche von den »vermeintlichen Interessenten« selbst mitgenommen. Das war die drittschlimmste Nacht meines Lebens – warum mich der Verlust so bedrückte, das kann ich heute kaum nachvollziehen, inzwischen bin ich so abgebrüht, dass mir die erste Nacht in Ruzyně anfang dieses Jahres nicht annähernd so schlimm vorkommt wie die Erinnerung an jene in Karlsbad. Aber ich blieb ganze drei Wochen in der Stadt, bis ich das Geld, das die »vermeintlichen Interessenten« und der deutschstämmige Karlsbader (ein echter Sympathieträger, der für mich immer wieder Zither spielte) in mich investieren wollten, versoff, und fuhr (ohne Fahrkarte, im abgeschlossenen Abteil) dank der Güte einer Schaffnerin zurück nach Prag. Bis zum festgelegten Fluchttag fehlten noch höchstens vierzehn Tage, und auf einmal verhedderte sich alles. Zum Schluss kam ein unbekanntes Arschloch auf mich zu und laberte mich voll über die Sprengung vom Rundfunkhaus in České Budějovice genau am Tag der Wahl – davon wollte ich ja nun gar nichts hören.

Trotzdem wurde ich zwei Tage später endlich von der Polizei einkassiert, und mit mir auch alle meine Manuskripte, auch das funkelnagelneue, das ich gleich nach dem Verlust aus dem Gedächtnis neu zu schreiben anfing. Das also war die zweite Scheiße.

Gerettet hatte mich meine uferlose Naivität und im großen Maße auch Konstantin, der später zugab, die ganze Zeit im Kontakt mit der Staatssicherheit gewesen zu sein und ihnen alles zugetragen zu haben, was ich tat und sagte. Er bezeugte wahrheitsgemäß, dass ich einzig und allein vom Posten eines Leuchtturmwärters geträumt hatte. Ich musste ein paar Protokolle über die Gestalten aus dem Café U Šroubků unterschreiben, und alle kamen fein raus. Bloß wurde ich von da an gezwungen, mir eine Arbeit zu suchen. Und das war die dritte Scheiße.

Vodseďálek und Svoboda gaben mir den Tipp, als Monteur zu arbeiten, das würde viel Geld abwerfen. Wir fanden einen Betrieb, der hieß, glaube ich, Elektromontáže, ich kaufte mir einen Blaumann und fing dort als Hilfsmonteur an. Mein Leben lang hatte ich keinen Hammer in der Hand gehalten, und dass ein Schraubenschlüssel Franzose genannt wird, war mir neu. Meine erste Arbeitsstelle war im Filmstudio Barrandov im Kesselraum, der Heizungskessel sollte repariert werden. Wie das Schicksal es wollte, war mein dortiger Chef ein Alkoholiker, und wir verbrachten vierzehn Tage in der Kantine. Danach wurde ich stante pede nach Lovosice zum Bau eines Elektrowerks geschickt. Dort ging ich eine Woche oder höchstens vierzehn Tage zur Arbeit, die schon damals aus Nichtstun bestand (das ging mir am meisten auf den Senkel, den lieben langen Tag musste man mit den anderen über Weiber reden oder Karten spielen – sobald ich aber ein Buch rausholte, flippten alle aus). Eines Tages sollte ich dem Meister etwas hinaufbringen, in gut dreißig Meter Höhe. Ein Brett des Gerüsts gab unter mir nach, und schon flog ich runter. Damals wurde mir zum ersten Mal in letzter Sekunde das Leben gerettet, das wiederholte sich später mehrmals. Auf dem Gerüst unter mir schoben zwei Arbeiter blitzschnell ein Brett dazwischen, an dem blieb ich hängen, und sie packten mich an Händen und Füßen. Nun gut, ich schüttelte mich und kletterte wieder zum Meister hinauf. Zwei Tage später durften wir übers Wochenende nach Prag. Vor der Rückreise gab ich mir mit Medek am Bahnhof Prag Mitte dermaßen die Kante, dass ich alle Züge verpasste und nach Hause gebracht werden musste. Dort wachte ich am Montagmittag auf und überlegte, was ich nun tun sollte. Mir kam mein Sturz in den Sinn, und ich überlegte, zu den Myslivečeks zu gehen, von wegen ich hätte mir ein Trauma geholt. Gedacht – getan, ich wurde krankgeschrieben und in ambulante Behandlung genommen. So viel Geld wie damals während der Krankschreibung hatte ich nie wieder. So lebte ich ungefähr ein halbes Jahr, schrieb an »Zbytky eposu« (Die Reste vom Epos), das waren tatsächlich die Überbleibsel meines zweimal verloren gegangenen Romans, den ich zum dritten Mal nicht mehr neu in Angriff nehmen wollte, aber dann tauchte die Frage auf – entweder Arbeitsfähigkeit oder Hospitalisierung. Selbstverständlich das zweite. Nachts fuhr ich auf Vidoule hinauf, nahm dort von einer Baustelle das rote Licht mit, hielt es in der Hand und lief ganz langsam die kurvige Straße nach Košíře hinunter. Dabei schrie ich die ganze Zeit aus vollem Hals: »Hilfe! Mord!« Hinter den Fenstern ging Licht an, die Leute riefen die Polizei an. In Košíře wartete eine Rotte Polizisten mit entsicherter Waffe auf mich, zu mir auf den Berg hinauf hatten sie sich nicht getraut. Hätte man dort tatsächlich einen abmurksen wollen, hätte ihm nicht mal mehr das Weihwasser geholfen. Ich erklärte der Polizei, dass ich ein ambulant behandelter Irrer war, und sie brachten mich nach Hause. Am nächsten Tag ging ich in die Psychiatrie, sozusagen zur Kontrolle, und wurde augenblicklich hospitalisiert.

NEUE BEGEGNUNGEN VON 1955

Der Klinikaufenthalt lief wie immer, aber nach einer Weile wollten sie mich nicht mehr haben. Ich wusste nicht, was ich mir noch aus den Rippen leiern sollte, und so brachte ich sexuelle Störungen ins Spiel. Man entließ mich zwar, behielt mich aber zur ambulanten Pflege in einer der dortigen sexuologischen Abteilungen, derjenigen des berüchtigten Wirrkopfs Dr. Freund. Mir war es egal, ich hoffte nur, ich würde es bis zur Invalidenrente bringen. Aber der Tag, an dem Dozent Dobiáš (heute Chef der berühmten Mysliveček-Klinik) beim bloßen Anblick der schriftlichen Zusammenfassung meines Aufnahmegesprächs rief: »Sofort verrenten!«, dieser Tag lag noch in weiter Ferne. Dr. Freund, den ich übrigens während meiner »Behandlung« höchstens zwei Mal gesehen habe, gab mir keinen entsprechenden Schrieb und scheuchte mich auf die Baustelle zurück, was ihm zwar nicht gelang, aber eine Invalidenrente kam dabei auch nicht heraus.

Im Frühling 1955, noch bevor ich zu den Mysliveček gekommen war, aber auch während des Aufenthalts und danach, als ich von dort verduftete, ging es mir immer schlechter. Nicht nur quälte mich wieder Honza mit ihren ewigen Liebesversprechungen, auch innerlich ging es mir immer beschissener. Ich dachte ernsthaft an Selbstmord, viel ernsthafter als jemals zuvor, genauso ernst wie einige Male danach. Ich wusste nicht richtig warum, aber alles fühlte sich überflüssig an, die Welt war öde. Und auf einmal, als ich an einem schönen sonnigen Frühlingstag mit dem Trolleybus an der Kirche Sv. Štěpána vorbeifuhr, erschien mir in absoluter Deutlichkeit und ganz klar ein noch nie gedachter Gedanke, der mir die Ursache meines Zustands enthüllte. Dieser Gedanke lautete, wenn ich *nur wüsste*, dass es irgendwo auf der Welt noch einen solchen Lehrer der Rettung wie Buddha oder Jesus gibt – oder in absehbarer Zeit geben würde –, wäre das bloße Wissen ausreichend für mich, ich bräuchte ihn nicht einmal persönlich kennenzulernen –, und alles, in erster Linie mein eigenes Leben, bekäme einen Sinn, und ich könnte geduldig weiter leben, mein Leid ertragen und nie wieder an Selbstmord denken: Bloß gibt es einen solchen Menschen nicht.

Das brachte mir zwar die Ursache meiner selbstmörderischen Neigungen näher, geholfen hat es aber nicht richtig. Eines schönen (wirklich schönen) Tages hatte ich auf einmal keine Lust, meine Verabredung mit Medek zu erfüllen, also schrieb ich ihm eine Postkarte, am nächsten Tag hatte ich wieder keine Lust jemand anderen zu sehen, und so beendete ich schlagartig alle meine Beziehungen, nur Konstantin blieb, zu dem musste ich ja nicht hingehen, der kam von alleine. Allerdings, wie geschrieben, in jenem Frühling wurde ich erneut bis zum Sommeranfang von Honza gequält, und obwohl ich den genauen Ablauf nicht mehr weiß, erinnere ich mich, dass es angefangen hatte wie immer und dass es auch wie immer nach ein paar Wochen oder maximal Monaten durch ihre Rückkehr zu Černý beendet wurde. Bei Dr. Freund hatte ich einen Dr. Pinkava kennengelernt, einen selbstbewussten und ambitionierten jungen Mann ungefähr in meinem

Alter, mit einem breiten Spektrum an Kulturinteressen. Gleich bei unserem ersten Treffen stellte sich heraus, dass wir uns beide für fernöstliches Zeug interessierten und ungefähr gleich viel über die Materie wussten. Das fand Dr. Pinkava sehr überraschend, weil er – wie sich später zeigte – bis dato der Meinung war, über diese geheimnisvollen Dinge dürften nur Eingeweihte etwas erfahren. Manchmal trafen wir uns abends in seiner Praxis. Einmal im Sommer kam ich müde und betrübt an, Honza hatte mir mal wieder einen dummen Streich gespielt. Das Gespräch stockte, alles ödete mich an. Da teilte ich plötzlich Dr. Pinkava meine quälende Erkenntnis mit, womöglich auch mit denselben Worten, wie oben beschrieben – wenn ich nur wüsste, dass es irgendwo auf der Welt einen solchen … und so weiter. Der Raum war nur von einer Tischlampe beleuchtet. Nach einer Weile erwiderte Pinkava: »Und wenn es einen solchen Menschen gibt?« Wie aus der Pistole geschossen kam meine Antwort, die ich bis zu dem Moment nicht geahnt hatte: »Dann befindet er sich in Prag.« Mir wurde ganz schwummerig, und aus der dunklen Zimmerecke leuchtete mich ein Paar grüner Augen an. Damals erfuhr ich zum ersten Mal an der eigenen Haut, was die Metapher mit den sprechenden Augen konkret heißt. *Ich sah*, was *sie sagten*: »Dann komm mal her, wenn du willst, aber es ist nicht ohne.« Ich schüttelte die Vision ab und wandte mich an meinen Tischgenossen mit der Bemerkung, Hypnose fände ich unfair. Pinkava regte sich auf, erklärte, so etwas würde er nie tun, er sei ja auch kein Hypnotiseur, und wollte wissen, was los war. Meine Schilderung brachte ihn völlig durcheinander. Ich ging nach Hause, legte mich nüchtern ins Bett und las noch ziemlich lange in einem Krimi. Nachts machte ich die

Augen auf, ich war hellwach, und in dem Moment wurde ich in einen bodenlosen Abgrund katapultiert. Rasend schnell sauste ich durch die Dunkelheit, immer schneller, vor lauter Angst fast irre geworden wusste ich, das war mein Ende. Da wurde ich aus dem Abgrund hinauf in einen vollkommen wachen Zustand geschossen – das Ganze kann höchstens eine Sekunde gedauert haben – und schlief schweißbedeckt sofort wieder ein. Das wiederholte sich noch etwa drei- oder viermal, aber von Mal zu Mal wurde meine Angst kleiner. Morgens beim Aufstehen rätselte ich, ob es sich hierbei um Anzeichen der Schizophrenie handelte, aber irgendwie wurde ich aus dem Ganzen nicht richtig schlau und bin erneut zu Pinkava hin. Kurz nach Mittag kam ich an, alles war lichtüberflutet. Als ich ihm von meinen nächtlichen Erlebnissen erzählte, schüttelte er den Kopf. Auf einmal sah ich am anderen Tischende jemand anderen an seiner Stelle sitzen. Das teilte ich ihm noch rasch mit. Während mich eine seltsame Ruhe erfasste, wirkte er ganz aufgewühlt. Schon wollte er die Nummer des Rettungswagens wählen, da sank ihm die Hand wieder herunter: Im gleichen Augenblick erblickten wir beide statt unseres Gegenübers jemand anderen. So ging es etwa eine Stunde lang. In kurzen Intervallen von ein paar Dutzend Sekunden, höchstens einer Minute, eher weniger, sahen wir gleichzeitig jeweils eine andere Person vor uns sitzen. Während der paar Sekunden zwischen den einzelnen Visionen konnten wir uns mit klarem Bewusstsein stichwortartig erzählen, wen wir da gerade gesehen hatten. Nach einer Stunde schwächte sich das ab und hörte allmählich auf. Erst jetzt konnten wir uns richtig austauschen und stellten fest, synchron Gestalten gesehen zu haben, die im Großen und Ganzen aus derselben historischen Zeit stammten. Anhand von Kleidung, Frisur und Schmuck ließen sie sich in etwa dem Weströmischen Reich des dritten bis fünften Jahrhunderts nach Christi zuordnen, manche kamen allerdings aus älteren Zeiten, einige waren fremder Herkunft. Die nächste Gemeinsamkeit bestand darin, dass ich mein Gegenüber fast immer als einen Menschen von höherer oder sehr hohen Stellung mit der Seele eines Barbaren sah (einmal war ganz eindeutig ein Prätorianertribun aus einem der Germanenstämme mit dabei), und Dr. Pinkava sah an meiner statt immer Menschen der niedrigen bis allerniedrigsten gesellschaftlichen Stellung (einen Verbrecher von irgendwo aus Subura zum Beispiel), aber immer, so sagte er, irgendwie vergeistigt (einmal soll er an meiner Stelle jemanden wie Platon gesehen haben, das hat ihn ziemlich erschreckt). Interessanterweise fühlte ich mich, wie bereits gesagt, sehr ruhig, aber Dr. Pinkava war total perplex. Eine richtige Erklärung für das Ganze habe ich bis heute nicht gefunden. Es ist mir auch nie wieder passiert. Pinkava schickte am nächsten Tag einen älteren Herrn zu mir, der bei dem oben erwähnten Hejhal in die Lehre ging. Er machte keinen guten Eindruck auf mich, also bin ich zu diesem Hejhal auch nie hingegangen, ich verspürte nicht die geringste Lust, seiner Sekte beizutreten, die nach dem Muster der katholischen Kirche organisiert war. Nach ein paar Sitzungen mit diesem erwähnten älteren Herrn, dessen Name mir allerdings entfallen ist, war mir nämlich klar geworden, dass sie sich dort auf alle möglichen okkulten Bücher bezogen, querbeet, ohne eine genuine Erzählung parat zu haben. Der Herr schlug vor, ich sollte mein Solarchakra zum »Leuchten« bringen. Ich probierte es, und nach ein paar Tagen brannte die Stelle wie Feuer.

Trotzdem fühlte ich mich davon nicht angesprochen, ich spürte nicht, dass sich dort – wie er meinte – »mein Ich« befinde, so etwas spürte ich immer am Kopfscheitel. Er erklärte mir also, ich hätte ein buddhistisches Karma, und wir schieden voneinander. Unmittelbar darauf kam es ohnehin zu einer neuen Begegnung, und mit der Hejhal-Bande bin ich nie wieder in Berührung gekommen, obwohl ich später mehrmals Zeuge ihrer äußerst seltsamen Praktiken werden sollte.

Allerdings wurde ich seitdem – praktisch bis zu meinem Leben mit Julie – von furchtbaren Träumen heimgesucht, in denen ich als ein falscher Prophet auftrat. Grausame Träume, die schlimmsten, die ich je hatte. Die gleiche Angst suchte mich dann auch im wachen Zustand heim, also versuchte ich meine metaphysischen Phantasien, denen ich mich immer wieder hingab, zu bändigen. Deswegen habe ich wohl später auch nie meine philosophischen Ansichten durchzusetzen versucht, obwohl ich sie sehr gerne allen gegenüber herausposaunte – nur den Mao-ismus verkündete ich lauthals, aber meine Stimme war die eines Rufenden in der Wüste, und ich habe keinen verführt, geschweige denn verletzt. Heute danke ich Gott, dass ich in meiner Jugend nicht in den Westen gelangte, wo ich in größter Versuchung gewesen wäre, mich in der Politik zu engagieren und einen der »falschen Propheten« des revolutionären Marxismus abzugeben, in der IV. Internationale oder so. Was die Träume betrifft, da hatte ich von Zeit zu Zeit wirklich tiefsinnige Träume gehabt, manche äußerst beredt und echt erleuchtend. Vielleicht erwähne ich sie noch später, oder man findet sie irgendwo notiert, in meiner Jugend schrieb ich sie alle auf.

Die neue Begegnung war Anfang Herbst 1955 mit Frau

Doktor Černá. Sie war eigentlich meine Bezirksärztin, die ich bis dato wegen der verschiedenen Klapsmühlenaufenthalte immer umgangen hatte. Auch sie fuhr auf die fernöstlichen Weisheiten ab, aber sie wusste kaum etwas, dadurch war ich für sie attraktiv. Obwohl sie nicht, wie ich es mir gewünscht hätte, meine Liebste wurde – Konstantin machte sie mir mal wieder abspenstig –, spielte sie in meinem Leben eine große Rolle. Sie nahm mich an die Hand und führte mich zum Schulabschluss, womit sie mir einen weiteren Weg öffnete. Nie kann ich ihr dankbar genug sein, einen angenehmen Charakter hatte sie aber nicht. Da hat mich wohl der Herr davor bewahrt, mit ihr eine Beziehung einzugehen, denn Doktor Černá war wie die berühmt-berüchtigte Bienenkönigin, von wem sie ein Kind kriegte, den warf sie raus, und wer ihr nicht schnell genug ein Kind machte, wie zum Beispiel Konstantin, den warf sie auch raus. Zu unserer großen Freude sahen wir uns praktisch jeden Tag. Vor allem später, als sie sich scheiden ließ und zu unseren Untermietern in Untermiete zog, war sie bei uns wie zu Hause. Zum ersten Mal herrschte Ordnung daheim. Mit meinem Vater kam sie auch gut aus, und wir bekochten uns alle immer gern. Vater fing damals einen Aushilfsjob in ARMA an, dem Lebensmittelmittellager der tschechoslowakischen Armee, wo er sich gemeinsam mit unserem alten Familienfreund und Schwarzhändler, der uns während des Krieges und auch danach über Wasser gehalten hatte, fröhlich an den Vorräten bediente. Auch bei mir deutete sich allmählich eine ruhigere Phase an. Aber ich trank noch fröhlich weiter ohne Unterlass, die Freude blieb ungetrübt.

DER WEG WOANDERSHIN

Ich sage nicht »der Weg nach oben«, denn die Einschätzung, ob eine weitere Vertiefung meines bisherigen Lebens nicht auch zu neuen, unter Umständen gar vielseitigeren Früchten der Erkenntnis geführt hätte, fällt schwer. Also nenne ich die Zeit von Anfang 1956, als mein Schicksal allmählich eine neue Wendung bekam, »der Weg woandershin«. Ungefähr zu dem Zeitpunkt – plus/minus ein paar Monate – sah ich den französischen Film »Der Mann, der sterben muss« nach dem Roman »Griechische Passion« von Nikos Kazantzakis. Später las ich den Roman durch, und er machte auf mich keinen weltbewegenden Eindruck, aber der Film ging mir richtig unter die Haut. Vielleicht wurden im Drehbuch die Dinge konzentrierter dargestellt. Dem stummen Hirten Manolios, der sich der Sache der Flüchtlinge annimmt und von armen Leuten und einem Reichen unterstützt wird, stehen im Film verlotterte Reiche, der Pope und sogar noch der türkische Herrscher, Aga, als Widersacher gegenüber. Der Aga mag Manolios und will ihn sogar aus dem Schlamassel herausbekommen. In der Filmerzählung repräsentiert er die Quintessenz der quietistischen orientalischen Lebenshaltung und Philosophie. Folgerichtig ist er im Recht. Im Vergleich zu ihm bemüht sich Manolios um etwas, was nur ein Irrer sich vornehmen würde – und trotzdem obliegt die ethische Berechtigung ihm, nicht Aga. Eine offensichtlich triviale Situation. Aber mich hatte sie total gepackt. Gegen die vollkommene, allesbegreifende und allesumfassende orientalische Passivität stand das Prinzip des im Grunde genommen unvernünftigen Aktivismus, der aber vom ethischen Standpunkt her eindeutig richtig war. Auf einmal wurde mir bewusst, dass auch ich zu dieser europäischen Denktradition gehörte und dementsprechend die Meinung vertrat, dass jede Form von Aktivität ontologisch gesehen wertvoller ist als die vernünftigste Nichtaktivität. In meiner Einstellung zur östlichen Philosophie stellte das eine große Zäsur dar. Dadurch fiel es mir aber später leichter, das Christentum zu verstehen, von dem ich sowohl damals als auch zwanzig Jahre später keine Ahnung hatte. Ein Film, der ansonsten nicht zu den Höhepunkten der Filmkunst gehörte, beeinflusste mich mehr als jegliche philosophische Lektüre.

Im Frühjahr 1956 passierte etwas Schönes. Ich wurde Freund und eine Zeitlang auch Liebhaber von Aňuta, einer proletarischen, leicht durchgeknallten und daher permanent von Schicksalsschlägen verfolgten Frau. Sie war eine aufrichtige und naive Mutter von sechs Kindern, über die sie stolz verkündete, sie seien Kinder einer Mutter, und für die sie keine Alimente bekam. Kennengelernt hatten wir uns über Honza, die mit ihren Kindern – inzwischen schon vier – ein ähnliches Schicksal hatte, die beiden Frauen kannten sich aus einem Heim für obdachlose Mütter bei den Manns in Krč. Einmal schrubbte Aňuta bei uns den Fußboden, und nach einem kurzen Flirt landeten wir im Bett. Ein paar knappe Wochen gingen wir gemeinsam spazieren, besuchten ihre Sprösslinge, die in verschiedenen Heimen um Prag herum untergebracht waren, und benahmen uns wie Kinder. Als wache Kommunistin hatte Aňuta der Reihe nach bei allen Prominenten der Vorkriegsavantgarde als Dienstmädchen gearbeitet und konnte darüber eine Menge traurige Geschichten berichten. Ich mochte sie aus vollem Herzen, aber auf die Dauer war es nichts, jedoch blieben wir für immer gute Freunde. Selbstverständlich konnte Honza den Gedanken nicht ertragen, dass ich mit jemand anders zusammen wäre als mit ihr und noch dazu etwa glücklich, also betrat auch sie bald die Bühne. Die Sache hatte den üblichen Verlauf, aber diesmal versetzte es mir einen tiefen Schock, ihre Kinder in unterschiedlichen Heimen zu sehen, und ich schlug vor, dass wir heiraten, damit wir die Kinder zu uns nehmen könnten. Einmal bei einem solchen Besuch lief der Älteste sofort zu mir, umarmte mich und bettelte, ich möge ihn mit nach Hause nehmen – er kannte mich natürlich von meinen früheren Besuchen bei Honza, aber mich wühlte das sehr auf. Honza wohnte zu der Zeit in einer geräumigen Wohnung in Vinohrady, gleich hinter der Fabrik Orionka. Weil sie kaum noch etwas besaß, schaffte sie es diesmal nicht, aus dem Nichts ein Chaos zu machen. Černý wohnte da schon seit Jahren bei seiner Mutter, um Honza kümmerte er sich praktisch kaum noch, zumindest finanziell nicht. Ich brachte ihr wenigstens Lebensmittel vorbei. Diesmal beschloss ich, die Sache von Grund auf anzugehen, und wollte nun die Vaterschaftsfrage klären, um Černý gleich den Wind aus den Segeln zu nehmen. Ich ließ meine Blutgruppe prüfen, B Rh+, die beiden älteren Kinder hatten sie auch. Das verkündete ich Černý, den ich zu diesem Zweck in Honzas Wohnung eingeladen hatte. Was der Teufel nicht wollte – als ich ihm erklärte, ich würde Honza und die Kinder zu mir nehmen, kramte er seinen Ausweis hervor und zeigte mir, dass er dieselbe Blutgruppe hatte (Honza hatte A). Weil keiner von uns Geld für einen Vaterschaftstest hatte, blieb die Entscheidung theoretisch an Honza hängen. Sie kam immer wieder zu mir nach Podolí und weinte sich aus, danach wurde sie immer von Černý abgeholt, der sie schlug und beschimpfte, später führte sie mir die fürchterlichsten blauen Flecken vor, womöglich fand sie auch daran Gefallen, und am Ende erklärte sie, sie müsse bei Černý bleiben, weil er mit dem Revolver herumrannte – er war damals Unteroffizier im aktiven Dienst – und entweder sie oder die Kinder erschießen könnte. Und schon war ich wieder raus. Aus der Zeit ist mir eine lustige Begebenheit in Erinnerung geblieben – ein interessanter objektiver Zufall oder gar objektive Telepathie. Eines Tages schilderte mir Honza ihre Phantasie, wie wir Černýs Leiche loswerden könnten, und bald fabulierten wir beide munter diverse Mordpläne zusammen. Am nächsten Tag kam ein Ortspolizist bei mir vorbei und redete lang und breit mit mir über die Unterwelt von Podolí. Auf einmal erzählte er von einem fast perfekten Ehemord, der erst in dem Moment aufgedeckt wurde, als die mehrmals obduzierte Leiche in den Krematoriumsofen geschoben wurde, und der hinterbliebene Täter plötzlich seufzte. Wie ein aufgezogener Roboter erzählte er die Geschichte zu Ende und begleitete mich dann bis zur Schindhütte, wo zufällig Honza auf mich wartete. Ich kam aus dem Staunen nicht heraus. Etwas Ähnliches war mir aber schon vorher passiert. Und später passierten mir solche Dinge auch mit Julie, eigentlich geht es bis heute so. Als ich Anfang 1950 in jener Hütte an der Jizera lebte, unter anderem gemeinsam mit Černý, liefen wir eines Nachts in die Dorfkneipe. Auf der Eisenbahnbrücke über Jizera schoss mir durch den Kopf, würde ich Černý jetzt packen und in den Fluss werfen, hätte ich meine Ruhe. Ich vergaß es aber gleich wieder. Später erfuhr ich, dass es über mich ein Gerücht gab (um mich herum gab es immer eine Reihe von Legenden, ich meine nicht einmal die aus Hrabals »Něžní barbaři« (Sanfte Barbaren), von denen nur eine stimmt, der Rest sind absolute Hirngespinste), ich hätte meinen besten Freund umgebracht, indem ich ihn von der Brücke geworfen hätte. Ich selbst hatte natürlich von jenem flüchtigen Gedanken keinem was erzählt, das Gerücht war außerdem auf der UMPRUM entstanden, wo ich seit Jahren nicht gewesen war. 1956 wiederum tauchte bei mir Emil auf, zu dem ich seit Jahren keinen Kontakt gehabt hatte, mit der Ansage, ihn würden bestimmte Fragen quälen, und etwas flüstere ihm immer wieder ein, dass ich die Antworten wüsste – damals beschäftigte ich mich tatsächlich auch schon mit den grundlegenden ontologischen Fragen, und Emils Ankunft zog mir geradezu die Schuhe aus.

Nach einer denkwürdigen Böhmerwaldreise mit Herrn Karel, dessen wundersamer Humor mir nach langer Zeit endlich zugänglich wurde – seitdem ließ ich mich gerne mit ihm volllaufen, da wir ja beide auch von Jazz besessen waren –, kehrte ich nach Prag zurück, und die Frau Doktor hatte schon wieder einen ihrer plötzlichen Putzanfälle. Diesmal nahm sie dafür auch die Sprechstundenhilfe Eva aus ihrer Praxis mit, die bis dahin nur gegen mich gestichelt hatte. Abends wollten die beiden unbedingt ausgehen. Zusammen mit Konstantin klapperten wir ein paar Bars ab, und als ich schon richtig blau war, blieben Eva und ich allein. Zu meiner unermesslichen Überraschung erklärte sie mir plötzlich ihre Liebe. Sie hatten mich in eine Falle gelockt, Frau Doktor und sie. Wir wurden ein Paar. Eva war wunderhübsch, sie hatte nur ein Manko – sie war verheiratet. Wie immer, wenn ich mit einer Frau zusammen war, nahm ich die Angelegenheit tödlich ernst und drängte sie zur Scheidung. Sie hatte aber wohl Angst vor ihrem Gatten, und schließlich, nach ein paar Monaten, machte sie selber Schluss mit dem Hinweis, ich hätte keine Einkünfte, und das ginge so nicht. Später kamen wir noch einmal zusammen, da war ich schon auf der Fakultät, aber damals machte wiederum ich lieber Schluss. Ich war ja gerade dabei, meine zukünftige Frau zu umwerben. Aber 1956, als Eva sich in mich verliebt hatte, war das für mich eine brandneue Erfahrung. Damals war ich nämlich der felsenfesten Überzeugung, Frauen könnten nicht lieben, sie wären nicht imstande sich zu verlieben, und falls sie sich doch zufällig verlieben sollten, dann nie in mich. Ohne Julie würde ich es bestimmt bis heute denken.

In »Knížka o tom, jak se mi filosofovalo« beschreibe ich, wie ich im Herbst 1956 die Existenz des Atman erfahren hatte, ein Erlebnis, das nun gar nicht zu meiner damaligen buddhistischen Überzeugung passte. Die Theorie von Atman nahm ich nie auch nur einen Deut ernst, die buddhistische Negation der unsterblichen Seele kam mir in der Hinsicht sehr entgegen. Die Erfahrung war ganz plötzlich über mich gekommen und fühlte sich vollkommen bizarr an. Für Jahre blieb sie vergessen. Erst 1972 erlebte ich etwas Ähnliches – absolute Ruhe, ein Zustand, der von den Yogis als Höhepunkt des Weges dargestellt wird, wenn der Geist alles und dabei partikular nichts wahrnimmt, wenn der Mensch sich inhaltlich leer empfindet, ohne sich dumm zu fühlen, wenn er sich der Existenz der äußeren Welt bewusst ist und trotzdem in allem vollkommene Stille und bleibende Ruhe wahrnimmt. Die Ruhe als Ursprungsform allen Daseins. Damals erlebte ich es etwa zehn Minuten lang und verstand sofort, warum die Yogis so scharf darauf sind – es ist wirklich ein Bad in der Seligkeit –, ohne die *geringste* Exzitation. Das Erlebnis von Atman beziehungsweise das Erlebnis der unsterblichen Seele kehrte wie aus heiterem Himmel noch einmal zu mir, und zwar am Anfang dieses Jahres – und es dauerte über drei Wochen. Es fühlte sich genau so an wie in den Upanischaden, bei Nagarjuna, in den Prajnamaramita-Schriften oder teilweise auch bei Meister Eckhart beschrieben. Und es blieb, einen Tag nach dem anderen, ohne dass ich dafür mein sonstiges Leben oder mein intensives Studium unterbrechen musste. Nicht einmal gedanklich musste ich mich darauf konzentrieren, ich war ständig drin, womöglich auch im Schlaf. Ich schrieb, ich lief, ich sprach, ich dachte an alles Mögliche – und ich war immer noch drin. Es lag nicht einmal ein Körnchen Ekstase darin, alles war sehr ruhig, sehr entspannt und, auch das ist wirklich wahr, sehr freudig. Eine unerschütterliche und nicht wegzudiskutierende Sicherheit, dass es mich gibt, jetzt und für immer, unberührt von nichts, was geschehen war, geschieht und geschehen würde, auch wenn die hiesige Welt keiner Illusion gleicht und unsere Handlungen darin ein Teil der ontologischen Ordnung sind. Aber schon diese Beschreibung gleicht der Intellektualisierung einer Wirklichkeit, die kaum zum Intellektualisieren taugt. Weil ich kein Theist bin, möchte ich es gerne zum Nirwana erklären, aber ehrlich gesagt fehlt mir dazu der Mut: Diese Erfahrung sprach ja nicht primär als Nirwana zu mir, sondern als Atman. Und das darf man nicht verwechseln. Vielleicht war es der berühmte Wink mit dem Zaunpfahl – auf etwas hin, das sich immer noch meinem Verstand entzieht. Aber schon dass es diese Wirklichkeit gibt, ist eine psychologische Erfahrung. Mehr darüber zu sagen vermag ich nicht. Dass es in dem Jahr so lange und leise vor sich ging, ohne Exzitation, das fand ich sehr erfreulich. Es hörte schlagartig an jenem Tag auf, an dem ich mich als Philosoph verpflichtet fühlte, diesen Zustand nicht unreflektiert vorbeistreifen zu lassen, und mich an den Schreibtisch setzte, um es philosophisch zu reflektieren. In dem Moment war es futsch und kehrte nie wieder zurück. 1956 war es eher ein Flash gewesen, ein Blitz aus heiterem Himmel, eine betäubende Erfahrung, etwas wie Ekstase.

Frau Doktor verbandelte sich mit Gottlieb, und beide redeten mir zu, ich sollte doch das Abitur machen und Philosophie studieren. Sie übernahm das ganze amtliche Zeug und ließ mich für einen berufsbegleitenden Schulbesuch einschreiben. Ich musste also eine Arbeit haben. Am 2. Januar 1957 fing ich als Nachtwächter beim Wachdienst an – bei der Genossenschaft der Invaliden – und fand es gar nicht so schlimm. Am 15. Januar wurde ich im Gymnasium Jan Neruda in Malá Strana eingeschrieben. Ich musste Prüfungen für alle vier Klassen der Mittelschule ablegen, Dutzende von Prüfungen, erst danach war man zum Abitur zugelassen. Das sollte frühestens im Jahr 1958 der Fall sein. Aber ich schaffte alle Prüfungen, bis auf eine in Deskriptiver Geometrie, die vergessen wurde, innerhalb von fünf Monaten und legte am 15. Juni 1957 meine Reifeprüfung ab. Mathe, Physik und Chemie waren echt anstrengend. Ich ackerte wie ein Blöder, und dabei war ich mittendrin in meiner großen Liebesgeschichte mit der Valdschen. Durch eine Schicksalsfügung hatte ich sie ein paar Tage vor Silvester 1956 kennengelernt, bei einem Saufgelage in ihrer Wohnung im Palais U Nováků. Sie ließ sich gerade von Valda scheiden. Honza putzte bei ihr. Und Herr Karel machte ihr den Hof, glaube ich. Ich wollte nichts von ihr, aber als ich später, Ende Januar oder Anfang Februar, das damals eingerüstete Nationalmuseum von draußen bewachte, kam ich immer wieder in ihre Wohnung hinauf, um mich zu wärmen. Ein Wort gab das andere, und da sie sich beklagte, auch noch von Konstantin verlassen worden zu sein, der mit seiner Bemerkung, die Valdsche würde für jeden die Beine breit machen, den Vorgang auch erheblich erleichterte, spendeten wir uns bald gegenseitig Trost im Bett. Entstanden war eine große Liebe daraus, auch für die Valdsche, das gab sie später zu. Ich brachte sie in unserer Wohnung in Podolí unter, und wir wollten heiraten. Allerdings sollte ich die Vaterschaft ihres kleinen Jungen anerkennen. Natürlich flippte Honza aus, als sie von unserer Beziehung erfuhr, aber wir ließen uns nicht davon abbringen. Die Valdsche wurde von permanentem Arbeitseifer und Unternehmergeist getrieben. Zwar brachte sie nie etwas zu Ende, aber sie dachte sich pausenlos, ein bisschen wie Honza, großartige Pläne für einen tollen Lebensunterhalt mit wenig Arbeitseinsatz aus. Als wir gerade neu zusammen waren, wurde sie vom Gedanken an Batiktücher verfolgt und beschloss, eine Großproduktion in die Wege zu leiten. In der Tat verkauften wir gleich am Anfang ein Dutzend Kopftücher und Tücher an irgendwelche Zigeuner, wodurch die Valdsche fast in Trance geriet. Lagen wir nicht gerade im Bett, was fast ständig der Fall war, plante sie, sie war nur noch am Rechnen, am Einrichten und am Vorbereiten. Konkret kam dabei zwar nichts raus, auch später nicht, aber sie wirkte wie ein entfesseltes Element. In dem Chaos fing ich im Museum als Nachtwächter an – mir wurde eben jener Saal mit dem Walfisch anvertraut – und büffelte Mathe. Trotzdem war es eine märchenhaft schöne Zeit für mich. Das Ende habe ich schon am Anfang beschrieben. Ich stand gerade vor den Abiklausuren und hatte keine Zeit, angemessen zu trauern.

Nach dem Abitur ließ ich mich natürlich volllaufen. Am nächsten Morgen stand ich auf und wollte mich zum Philosophiestudium anmelden. An der Fakultät guckte man mich an wie einen Idioten, man hätte sich bis Ende Februar oder so anmelden müssen, die Aufnahmeprüfungen waren schon vorbei. Also fuhr ich nach Hause und gab mir die Kante. Am nächsten Tag stand ich auf, sagte mir, dafür hätte ich mich nicht mit dem Scheißabi so abplagen müssen, und ging noch einmal los, um mich zum Philosophiestudium anzumelden. Diesmal direkt beim Dekan. Der war natürlich nicht da, aber sein Sekretär Salač. Ein Alkoholiker. Unsere Brüderschaft war beim ersten Atemzug klar. Salač schleifte mich, den Arbeiterkader, sofort zur Prüfungskommission mit, damit sie mich auch noch drannahmen. Damit war die Sache geritzt – das wusste ich. Ich wurde aufgenommen und bekam sogar ein Stipendium für ein ordentliches Studium angeboten, aber ich lehnte es wohlweislich ab. Daran hatte ich sehr gut getan.

Erst nachdem das erledigt war, kam die Trauerzeit für die Valdsche dran. Also besuchte ich fleißig die Kneipe U Peřinků, die auch vom Herrn Valda frequentiert wurde (sie befand sich in einer der Passagen des Palais U Nováků). Da kurz davor die Wandalen-Bar dicht gemacht worden war, traf sich auch die Prager Unterwelt dort. Die

Königin der Prager Diebinnen, Eva Skrčená, fiel mir ins Auge, und ich ließ mich gern von ihr bezirzen. Nachdem wir herausfanden, dass wir beide nicht weit voneinander in Podolí wohnten, war alles klar. Sie trank wie ein Kanonier, ähnlich wie die Valdsche, und das schweißte uns noch mehr zusammen. Dank ihrem Patronat wurde ich quasi zum Ehrenmitglied der Unterwelt und durfte bei den ausgiebigen Saufgelagen mitmachen. Wir schlugen über die Stränge, tanzten mitten auf der Straße den gerade frisch in Mode gekommenen Rock'n'Roll und waren pausenlos besoffen. Ich schrieb Gedichte für das bunte Völkchen, brachte ihnen Bücher mit. Erstaunlicherweise waren viele von ihnen richtig belesen, Eva selbst dozierte fast wie eine Expertin über »Krieg und Frieden«. Manche schrieben Gedichte, und bei einem von ihnen, einem gewissen Suda, handelte es sich keinesfalls um naive Poesie. Natürlich konnte die Geschichte mit Eva nicht lange halten, obwohl ich auch sie bei uns zu Hause einziehen ließ. Sie war ständigen Wechsel gewohnt und konnte sich nicht vorstellen, dass es einen stören könnte. Aber ich hatte genug von solchen Scherereien. Wir blieben gute Freunde, und nachdem auch U Peřinků dicht gemacht wurde, soff ich das restliche Jahr beinah täglich mit der Unterwelt in der Kneipe U města Slaného. Heldenhafte Tafelrunden waren das. Damals schrieb ich an »Nesmrtelná dívka«, womit eine Schaffensphase zu Ende gehen sollte. Jene Begegnung auf der Mánes-Terrasse lag zehn Jahre zurück.

In der Zwischenzeit wurde in unserer Straße eine ganze Generation brav gescheitelter junger Männer großgezogen, deren Eltern ihnen ständig mein abschreckendes Beispiel vor Augen führten. Irgendwann später suchte mich ein Studienkollege dort und traf zufällig den Briefträger. Er fragte nach Fišer. »Meinen Sie den alten oder den jungen?«, wollte der Briefträger wissen. Mit Bedacht antwortete der Kollege, er möchte zu dem alten. »Das ist gut«, meinte der Briefträger, »der junge ist komisch. Der hat so lange gelernt, bis er davon meschugge geworden ist.« Der Briefträger wird damit sicherlich nur die Meinung der Nachbarschaft wiedergegeben haben. Das hat mich schon erstaunt.

Geschrieben an sieben sommerlichen Arbeitsnachmittagen mit Pause.

20.IX.1981, Hlinsko

143

ANHANG

AUSZÜGE AUS DEN TAGEBÜCHERN VON
ZBYNĚK FIŠER (EGON BONDY) AUS DEN JAHREN 1949–1950

7. XI. 49 Montag 24.00

Wenn ich das ganze Jahr, bis auf die Einzelnotizen aus der Psychiatrie in Bohnice, die ohnehin allesamt verloren gegangen sind, kein Tagebuch geführt habe, liegt das größtenteils auch daran, dass ich die alten Hefte nie zur Hand hatte, zunächst weil ich in Horní Stromky wohnte, und nach meiner Rückkehr aus Bohnice fand ich sie schon überhaupt nicht, weil Vater sie an sich genommen hatte.

Am Samstagmorgen mit Honza die obligate Diskussion geführt, warum wir nicht miteinander schliefen. Wie immer war sie dabei ziemlich widerlich, und ich hatte während der Fahrt nach Prag richtig schlechte Laune. Wir wollten Geld von Fišárek, Nezval und Jarmila Svatá eintreiben, nochmals Lewitt anmahnen. Selbstredend wieder gebettelt. Bis zum Mittag 4 Geschäfte abgeklappert, etwa 140 Kčs gemacht und sie gleich in Pomona verfressen. Für den Abend stand Dr. Caligari im Olympic auf dem Plan, es war die letzte Vorstellung, und Honza wollte in Prag übernachten, bei den Havlíčeks.

Zuerst fuhren wir in die Bibliothek, wo sich Honza spreizte, weder ins Olympic gehen noch Geld eintreiben zu wollen, und meinte, dass wir noch am Nachmittag nach Dobříš sollten. Hätte sie es kategorisch durchgesetzt, wäre ich weniger sauer, als wenn sie dabei so eine heilige

Miene aufsetzte. Das hieß also, noch unbedingt was für den Bus zu erbetteln (am Samstagnachmittag!), den ganzen Sonntag ohne Essen und ohne Zigaretten zu bleiben, bei den Heinzens nicht zu bezahlen und alle Besorgungen auf Montag zu verschieben. Mir war aber schon alles egal, und ich sagte nichts. Wie vom Himmel gefallen tauchte Černý auf. In der Zwischenzeit habe ich schon etwa 2-mal dem »Custod« Bier geholt, und Honza ging mit Černý, den sie einen Tag davor, am Freitag, kategorisch von Dobříš rausgeworfen hatte (zumindest hatte sie getan als ob, oder es war eine Inszenierung, wie unsere Trennungen im September, die ja von vorne weg überflüssig waren wie ein Kropf), zu einer Frau Klatovská, um sich 100 Kronen zu borgen. Daraus wurde nichts, also borgte uns Valoušek 3 Kčs, Custod 5 und Graf Slawata 40 Kčs. Das war nicht das einzige Glück an diesem Tag, wir kriegten noch einen Lift direkt nach Dobříš, so dass uns sogar Geld für Sonntag übrig blieb. In einem Moment in der Bibliothek war Honza sehr lieb zu mir, sie sagte, wir fangen ganz neu an und so. Nachdem wir in Dobříš ankamen, aßen wir im Lokal zu Abend, das Essen ließen wir anschreiben. Den ganzen Abend war ich sehr deprimiert, und Honza führte sich abwechselnd messianisch oder impertinent auf. In schlechter Stimmung gingen wir ins Bett, dann entwickelte sich eine ganz nette Plauderei (über ein Kind, von dem Honza unablässig tagträumt), als ich aber den Geschlechtsakt forcieren wollte, bekam sie einen widerlichen Nervenanfall, sie schlug und biss mich, beschimpfte mich und schrie lauter als nötig. Ein paar Minuten später klopfte es an der Tür. Nicht ohne Grund hatte ich Angst, dass es sich um eine Folge von Honzas Geschrei handelte, was für eine Erleichterung also, als sich herausstellte, dass uns lediglich der Oberkellner vor der Kriminalpolizei warnen wollte, die unten gerade eine Razzia machte. Ich zog mich an und ging ins Lokal. Nach Mitternacht meinte der Ober, diesmal dürfte ich dort nicht übernachten, ich sollte mir eine Unterkunft in der Sokol-Herberge suchen, irgendwo neben dem Schloss, außerdem werde Honza von der Polizei gesucht. Ich sagte Honza Bescheid. Sie folgte mir dann noch nach draußen, und es stellte sich heraus, dass die ganze Sache sie nicht betraf. Ich begab mich also auf die Suche nach der Herberge, es war halb 1 – und da ich sie nicht fand, versuchte ich es mir in einem Heuschober bequem zu machen. Später beschloss ich doch, im Schloss zu nächtigen. Da dieses aber gründlich umzäunt ist, war ich gezwungen einen großen, mühevollen Umweg zu nehmen über einen Felsen, vom Felsen dann über den Teich hinunter in den Park. Nachdem ich noch über zwei weitere Zäune geklettert war, kam ich endlich in den Innenhof. In der Pförtnerloge und in der Küche brannte noch Licht, aber ich schaffte es bis zu dem Treppenaufgang, den ich von unseren letzten Besuchen bei Záviš kannte. Ein Hund bellte laut los, und ich versteckte mich in Panik bei den Kaninchenställen, wo ich die ganze halbe Stunde, während der Idiot bellte, fast zerrissen wurde vor Lust, eins der Karnickel zu packen, ihm den Hals umzudrehen und es mitzunehmen. Dann verdünnisierte ich mich genauso, wie ich gekommen war, und ging direkt zum Tor, wo ich den Pförtner wachklingelte und wachklopfte. Weil er sich von meinen Besuchen bei Záviš gut an mich erinnern konnte und mein herrliches Märchen schluckte, man hätte mich als Referenten zur Schulung der dortigen Handschuhhersteller hingeschickt, ließ er mich um halb 3 rein. Ich durfte neben dem Ofen auf einem Stuhl Platz nehmen.

Am Sonntag um halb 8 sagte ich seinem Dienstnachfolger »Valet« und ging gerädert und unausgeschlafen ins Hotel. Ich ließ mir das Frühstück auf Pump bringen und holte Honza dazu, begab mich mit ihr wieder hinauf, abermals in depressiver Stimmung, die sich aber rasch aufhellte, und wir schliefen heftig und echt spontan miteinander. Ein Zimmermädchen platzte rein, kurz darauf auch der Herr Hotelier samt Polizei. Sie nahmen uns ohne großes Tamtam gleich mit, verhörten und durchsuchten uns, bis sie mich um halb 3 nach Prag fürs Geld schickten. Ich borgte mir vom Polizeivorsteher Geld für die Busfahrkarte, und ohne mich zu Hause aufgewärmt zu haben, fuhr ich mit den 2000, die mir Vater geliehen hat, um Viertel vor 7 nach Dobříš zurück. Damit betrachtete ich die Sache als erledigt, aber da irrte ich mich gewaltig. Honza war inzwischen schon eingelocht, und man hatte mit ihr eine Art Protokoll aufgesetzt. Ich zahlte uns bei den Heinzens aus, ging zu Honza in den Knast, lief nochmals ins Hotel für eine Bestätigung über die beglichene Rechnung, wurde zweimal bei der Polizeiwache vorstellig und suchte schließlich den Polizeivorsteher Leutnant Vítovec zu Hause auf: Die Sache schien trotz allem nicht richtig schlimm zu sein, mir kam sie eher wie eine unverantwortliche Farce vor, obwohl mir die nachmittägliche Befragung über Beruf, Anstellung und Ähnliches schon ordentlich Furcht eingejagt hatte. In grausamer Kälte stellte ich mich vor den Bahnhof und kriegte um halb 11 einen Lift von einem Motorradfahrer. Im Leben bin ich nie so durchgefroren gewesen wie bei dieser Fahrt. Zu Hause die obligate Unterhaltung mit Vater, diesmal von meiner Seite voll akzeptiert.

Heute früh bei Záviš, da wir eine Person brauchen, die Honza namentlich herausholen würde. Ich berichtete ihm wahrheitsgetreu über die Gegenwart und über die Vergangenheit (außer über meine Beziehung zu Honza), allerdings sah es Záviš ein bisschen komplizierter als ich. Wir einigten uns auf einen Telefonanruf bei Jožka und bei Obrtel und darauf, dass wir einen Anwalt suchen und am Nachmittag nach Dobříš fahren wollten. Záviš, der eine Etage tiefer zu Ungár ging, um zu telefonieren, tauchte gleich wieder auf. Ungár wurde gerade festgenommen. Láček stand kurz vor einem Panikanfall. Für den Moment war Záviš als Helfer ausgefallen. Ich bekam für Honza warme Unterwäsche, und Záviš nahm mich mit zum Mittagessen, er schenkte mir 50 Kčs. Jožka und Obrtel sollte ich nun selbst aufsuchen. Wir verabredeten uns fest für nächsten Morgen, da würde er sich wohl schon auch selbst engagieren. Jožka war nicht im Büro – sie war krank. Obrtel war weder im Büro noch zu Hause. Die letzte mögliche Hilfe – Werich – war nicht zu Hause, aber seine Frau gab sich zumindest nicht abweisend. Nachmittags um 3 fuhr ich nach Dobříš. Bei den Heinzens packte ich alles zusammen und brachte das meiste in den Knast. Der Direktor – ein 22-jähriger Fratz –, umgeben von uniformierten Delinquenten, behandelte mich von oben herab und ließ mich nicht mit Honza sprechen. Genauso wie gestern lief ich um das Gebäude und pfiff »Auprès de ma blonde«. Durch eine glückliche Fügung hielt ich gleich einen Lastwagen an und war um halb 7 in Prag. Nach dem Abendessen ging ich zu Werich. Die Haustür war zu, also rief ich an, wie mit seiner Frau besprochen. Werich war sehr kurz angebunden und gab sich mürrisch und impertinent. Trotzdem versprach er, sofort in Dobříš anzurufen. Bei Obrtel keiner zu Hause. Eher gedankenlos ließ ich mich vor der Tür auf die Treppe fallen, und innerhalb von drei Minuten kam schon Frau

Obrtelová. Etwa zwanzig Minuten später tauchte auch Obrtel auf. Morgen fährt er in die Slowakei. Selbst nach Dobříš zu fahren, kommt für ihn nicht infrage, er sieht die ganze Sache vermutlich düsterer, als sie in Wirklichkeit ist. Den Hauptgrund, warum ich ausgerechnet ihn aufgesucht hatte, nämlich die Arbeitsvermittlung für Honza, den vergaß ich zu nennen. Er telefonierte Nezval an, erreichte ihn aber nicht. Schließlich schickte er mich ins Café Westend und ging zu einer Frau Ebertová. Um halb 11 rief er an, dass er weder etwas erreichen noch sonst eine rettende Idee vorweisen konnte. Morgen würde er mich um 3 bei sich erwarten. In der Zwischenzeit rief ich wieder bei Werich an: immer noch derselbe, aber schon mit dem Ergebnis seiner Intervention, die sich in dem Sinne zusammenfassen lässt, dass Honza entlassen und in eine Anstalt überführt werden würde.

Morgen gehe ich zuallererst zu Záviš. Bei diesem Stand der Dinge habe ich den Eindruck, wenn einer persönlich in Dobříš vorsprechen würde, könnte Honza entlassen und als freie Person untersucht werden. Allerdings weiß ich nicht, ob Záviš nicht bereits verhaftet wurde, denn wie ich bei meiner Runde durch die Prager Intellektuellenszene erfahren habe, fanden heute ein paar bedeutende Festnahmen statt, dabei ist die letzte Verhaftungswelle gerade erst verklungen, schon wieder alles wie aus heiterem Himmel.

In den Papieren, die ich von Dobříš mitgebracht hatte, fand ich einen Brief von Honza an Černý, der nicht älter sein kann als vom Dienstag oder Mittwoch, also aus der Zeit, als wir nach einem Monat wieder miteinander geschlafen hatten und noch dazu zum ersten Mal nicht frigide. Ich bin mit der Sache durch, also erspare ich mir hier jeden Kommentar. Noch heute oder morgen lege ich

mir das ganze Material zusammen, das sich bei mir ange-
sammelt hat. Wie schade, dass es mir die »Ehre« verbietet,
das Zeug Kalandra zu zeigen. Was soll's, dass ich im Lichte
dieser Dokumente wie ein absoluter Idiot und ein armes
Schwein aussehe, ich würde ihm so gerne die Hölle zeigen,
die ich seit der Wiederzusammenkunft mit Honza durch-
gemacht hatte.

10. XI. 49 Donnerstag 21.00

Am Dienstag früh ging ich zu Záviš. Wir aßen zu Mittag
in Vegetárka, er gab mir wieder 50 Kčs, und dann fuhr ich
zu Obrtel. Vergeblich suchte ich nach ihm. Obwohl er
vormittags zwei Konferenzen im Stavoprojekt haben sollte, tauchte er dort überhaupt nicht auf. Das fand ich fürs
Erste nicht verdächtig. Záviš hatte übrigens versprochen,
ihn auf jeden Fall anzurufen. Bei Teige vorbeizuschauen,
hatte ich keine Lust, also beschloss ich, ins Lichtspielhaus
zu gehen. Während ich mir die Kinoprogramme ansah,
kam ich bis vor Lucerna und überlegte, beim Zentralen
Aktionsausschuss der Nationalfront vorbeizuschauen.
Habe Puchmertl seit Januar nicht gesehen. Er war unflä-
tiger und frecher als sonst, also passte ich mich an. Trotzdem erklärte ich ihm die Sache und verabredete mich mit
ihm für Mittwoch früh.

Am Mittwoch bei Puchmertl. Er versprach zu interve-
nieren und mir Deckung zu geben. Wir verabredeten uns
erneut für halb 1. In der Zwischenzeit wollte ich zu Záviš,
aber auf dem Platz der Republik kam mir schon Láček
entgegen. Sie war ganz ruhig, energisch, beinahe fröhlich.
Als sie nachts vom Abendessen mit Chalupecký zurück-

kehrten, wurde Záviš verhaftet. Ich sollte auf keinen Fall zu ihnen in die Wohnung kommen, sondern sie würde zu uns kommen (sie war wohl auf dem Weg zu uns, um mich zu warnen), zuerst sollte ich nachschauen, wie es Teige und den anderen ergangen war. Etwa eine Stunde lang lief ich mit ihr durch Prag, dann ging ich zu Puchmertl. Er hatte bis dato nichts zuwege gebracht, wir wollten uns also Viertel vor 5 wieder treffen. Ich fuhr zu Teige. Versuchte mich etwa eine dreiviertel Stunde reinzuklingeln. Es stellte sich heraus, dass er noch im Bett lag und nicht aufmachen wollte. Endlich gelangte ich hinein und informierte ihn. Wie zu erwarten, ist er felsenfest überzeugt, dass es jeden treffen kann, ihn aber nicht. Auf dem Rückweg kam ich kurz in der Bibliothek vorbei, wo ich einen Zettel für Ivo hinterließ. Er kam tatsächlich um Viertel vor 3 da hin, und wir sahen uns »Count Basie« im Gramotón Club an. Seit Dienstag schleppte ich eine Halbliterflasche Rum mit, wir bestellten Wein, und ich machte den Rum auf. Um Viertel vor 5 wartete ich auf Puchmertl. Er hatte schon in Dobříš angerufen und meinte, Honza würde bald entlassen werden. Er musste noch in den Aktionsausschuss, eine unerwartete Konferenz. Ich ging in die Bibliothek zurück, wo ich Valoušek und Černý vorfand. Stärker angetrunken, als mir gut tat, berichtete ich Černý über die ganze Chose. Der hatte am Montag mit Honza gesprochen, sonst nichts. Ich versprach ihm, am Donnerstag nach Dobříš zu fahren. Danach ging ich ins Arcadia und wartete, ohne einen Heller in der Tasche, auf Ivo. Schließlich beschloss ich entweder Vater oder Herrn Ručka anzurufen, der mich auch tatsächlich in besoffenem Zustand nach Hause brachte, wo ich mit Bonmots über die Verhaftungen für gute Stimmung sorgte.

Heute früh bei Puchmertl. Er nahm mich ins Palace-Hotel zu einer Konferenz der Volksaufklärer mit, eine sehr feierliche und bekloppte Sitzung. Als ich als Vertreter der Zentrale des Aktionsausschusses vorgestellt wurde, applaudierten alle begeistert, und Puchmertl und ich konnten uns vor Lachen wegschmeißen. Wo täglich Freunde verhaftet werden und ich nicht die mindeste Ahnung habe, wann ich selbst dran bin, bekommt alles einen ganz besonderen Beigeschmack. Nach kurzem Aufenthalt in der Bibliothek fuhr ich um 3 nach Dobříš. Dort sprach ich mit Leutnant Vítovec, das war der, der mir Geld für den Bus geliehen hatte, mit dem Gerichtsschreiber und dem Kerkermeister. Die Informationen passten nicht zusammen. Situation ungeklärt. Das Dümmste dabei ist, dass ich an der ganzen Sache komplett desinteressiert bin und alles nur aus »moralischer Pflicht« ausführe.

Morgen früh Puchmertl.

Und dann fange ich endlich an, mich auch ein bisschen um mich selbst zu kümmern.

11. XI. 49 Freitag 21.00

Erst jetzt, während ich das Datum schreibe, geht mir auf, dass es der Sterbetag meiner Mutter ist. Das Datum kam mir seit dem frühen Morgen irgendwie vertraut vor, aber ich wusste die ganze Zeit nicht, was für ein Feiertag heute zu begehen ist.

Heute früh in Podolí, zur Militärverwaltung, danach zu Puchmertl. Von dort aus zu Werich. Er schlief, ich sprach mit seiner Frau, eine Intervention sei unmöglich, Staša Jílovská hätte mit Václav Lacina gesprochen. Also ging ich zu Jílovská ins Ministerium für Information und Aufklärung. Sie gab mir 100 Kčs und wollte mir für morgen warme Wäsche für Honza zurechtlegen. Mehr ließe sich wirklich nicht machen. Ich redete lange mit ihr, alles sehr bedrückend. Sie schlug sogar ein Arbeitslager vor, von wegen das wäre die beste Lösung!

In der Bibliothek traf ich Vodseďálek und später, nachdem Ivo gegangen war, Líba. Die begleitete mich zum Wenzelsplatz zu meiner Verabredung mit Puchmertl. Der wiederum hatte sehr günstige Nachrichten für mich, Honza sollte entweder morgen oder am Montag entlassen werden. Da war ich allerdings etwas skeptisch. In der Bibliothek wartete ich auf Černý, der kam aber nicht. Meinen Brief an Honza, in dem ich lediglich ihren Brief an Černý aus den Tagen direkt vor ihrer Verhaftung in die 2. Person transponierte, hatte ich schon gestern fertiggestellt. Die ganze Zeit, vor allem während der Rückfahrt von Dobříš, viel über den Moment taggeträumt, wenn ich ihn ihr überreiche und sie ihn lesen wird. Nicht einmal das erregt mich aber noch.

Um 5 ging ich mit Ivo zur Philosophischen Fakultät, wo die Verhandlungen über die Affäre von Pachovský, Honzík, Grebeníčková und Jan Štern fortgesetzt wurden. Eine so plumpe Farce, dass ich fast einen Lachkrampf bekam. Eine dermaßen himmelschreiende Stupidität und Idiotie bei kommunistischen Kulturschaffenden hätte ich mir nicht einmal auszumalen erhofft. Das übersteigt alle meine Erwartungen. Schon immer war ich fasziniert von dem mal offen, mal hinter den Kulissen ausgetragenen Todeskampf verschiedenster Fraktionen der auf dem Vulkan tanzenden Regime. Und sogar ich finde es beeindruckend, wie die Fakultät während eines einzigen Jahres verkommen konnte – ein intellektueller Misthaufen ist sie geworden.

Ich bin ein bisschen erschöpft und verwirrt. Natürlich sehne ich mich nach Liebe, aber ich kann nicht lieben, mir fehlen sowohl der Mut als auch das Objekt. Ich bezweifle, wobei hier der Wunsch der Vater des Gedankens ist, dass ich je zu Honza zurückkehre. Besonders wenn mir Puchmertl eine Stelle besorgen sollte, mit der ich ohne größere Probleme klarkäme. Was aber dann? Subjektiv? Existenziell? In Bezug auf mein Schaffen? Soll ich mich verlieben? Emigrieren? Trotz aller Hindernisse weiter schreiben? Hat das alles überhaupt einen Sinn, vor allem das Letztere? Manchmal will ich gar nichts mehr, finde mich selbst widerlich, spüre Sehnsucht nach einem nackten, angenehm bedeutungslosen Leben, unkomplizierbar und, wie Breton schreibt, undiskutierbar. Dann aber ist das Leben selbst wertlos. Das ist das Problem. Wie zeitbedingt auch immer die aktuelle Problematik und die Ideologie des Selbstmordes sind, liegt Camus trotzdem mit seiner Behauptung richtig, die primären Fragen der Philosophie seien der Suizid und der Sinn des Lebens.

Ich denke an Hlubočepy, denn im Radio läuft blöde Musik, und ich sitze zu Hause am Tisch. Passé, passé, aber jedes Mal, wenn unsere Vergangenheit dahinschwindet, wird uns die Grausamkeit des Abschieds unbegreiflich. Ich hatte immer nur durch Erinnerungen gelebt, aber was nun, wenn auf einmal alles verschwindet und ich gezwungen werde, in der Gegenwart zu leben? Ich habe durch Traurigkeit gelebt, durch Líba, Eva und Honza, aber, in jedem dieser drei Fälle, noch stärker (mit Honza so allerdings nur am Anfang in Stromky) durch den Zauber der Szenerie, die uns umgab, durch die Atmosphäre unserer Unternehmungen und mittels der gemeinsam verbrachten Zeit, eigentlich habe ich immer nur durch meine

Liebe gelebt und nicht durch mich. Jetzt soll ich zum ersten Mal selbst die erste Geige spielen. Was kann ich mir errichten, das nicht einstürzt? Wie lange soll und kann ein solches Provisorium währen? Erst neulich fiel mir auf, dass die Zeit mit Honza in Stromky so stark war, dass ich nicht registriert hatte, dass sie mitten im Winter lag.

17. XI. 49 Donnerstag 23.15

Soeben versuchte ich zu schreiben, aber ich brachte nur ein paar Sätze zustande. Nirgendwo finde ich Ruhe. Wie profan ist das alles, einschließlich der Tatsache, dass ich hier wie ein Idiot hocke und Tagebuch schreibe. Heute habe ich mit Ivo über einige theoretische Fragen des Marxismus gesprochen und mit Černý, den ich zwar in die Bibliothek bestellt hatte, der aber bei uns zu Hause aufkreuzte, über Honzas Situation. Noch bevor Ivo und ich uns ins Gramotón aufgemacht haben, »entschwebte« Černý wieder, und trotz seines Versprechens, zurückzukommen, tauchte er nicht mehr auf. Also konnte ich ihm nicht einmal den Aufbewahrungszettel für Honzas Päckchen geben. Gestern habe ich die Sachen von Kalandra weggebracht, heute kam Láček zu mir in die Bibliothek, und morgen erwartet sie mich um 10 Uhr mit der nächsten Ladung. Ich muss noch Jožka und Obrtel aufsuchen, und Werich auch. Die 150 Kčs, die mir Vater für die Auslösung meines KSČ-Ausweises gegeben hatte, der seit August bei einer Hökerin liegt (eine unserer ersten Betteltouren), habe ich versoffen.

Heute bin ich zur Beratungsstelle für geistig Kranke gegangen, wohin uns schon am Samstag Doz. Skaličková schickte, die wir auf Vermittlung von Dr. Knoblochová von der Mysliveček-Anstalt aufgesucht hatten. Unsere ursprüngliche Vorstellung lag meilenweit von der Realität entfernt – wie immer, obwohl wir diesmal äußerst realistisch dachten. In der Anstalt zu wohnen und dort in der Bibliothek zu arbeiten, ist illusorisch. Honza wurde zunächst eine Anstellung in der Handschuhindustrie angeboten, dann Stricken in Heimarbeit, das hatte sie ja auch selber vorgeschlagen, mich schickte man in den Volksbetrieb Sanitas ins Büro. Ich bin noch nicht hingegangen, weil ich furchtbar müde war – heute Nacht kriegten wir kein Auge zu, wir verbrachten sie in Bráník in einem Treppenhaus, weil wider Erwarten weder Istler noch Effenberger uns ein Nachtlager anboten (gestern Abend gab es bei Istler ein Treffen mit Teige, dabei wurde ein bisschen gesoffen, und Josef zeigte seine neuen Bilder, wirklich viel besser als die davor). Honza ging heute Vormittag zu Lewitt, ich saß in der Bibliothek und schlief, jetzt bin ich schon lange zu Hause, die Bettschwere will sich aber nicht einstellen. Vorgestern hatte Honza in einem Kanal übernachtet, den zeigte sie mir gestern früh, ein herrlicher Ort, ließe sich prima adaptieren. Es gibt dort ein wunderbares Echo, das wir beide bezaubernd fanden. Aber auch Luftzug. Heute bleibt Honza wohl bei Lewitt oder bei Frau Hadrabová, vermutlich eine Hehlerin, die Honza von Staša empfohlen wurde, bei der sie letzte Woche genächtigt hatte. Heute, als ich nach Hause kam, wollte ich warten, ob Vater ausgeht, damit ich mich dann mit Leuchtgas umbringen kann. Jetzt ist der Untermieter da, also geht das nicht. Ich werde es aber möglichst bald versuchen, die Entscheidung steht fast definitiv fest. Mir bleibt auch nichts anderes übrig. Physisch und geistig bin ich so am Ende, dass ich weder Lust noch Mut habe, mein bisheriges Leben fortzusetzen, kann auch kein Interesse aufbringen für den »Weg der Besserung« als »Angestellter« von Sanitas. Mir fehlt sogar die Kraft, der Beratungsstelle eine benevolentere Behandlung abzunötigen, obwohl da sicherlich einiges drin wäre. Abgesehen von der Wohnfrage allerdings – eine gemeinsame Wohnung sei ausgeschlossen. Und subjektiv ist mir alles egal. Bloß keine Verantwortung mehr, bloß nicht mehr leiden. Das Gefühl gestern, als Effenberger trotz meiner Bitte Honza die Übernachtung ausschlug! Ekel, Ekel und nur noch Ekel. Und das soll einem zum Leben reichen.

Schon wieder fällt mir auf, dass Vater sogar einzelne Tagebuchblätter verschwinden lässt (vom 16. XI. bis zum 25. XI.).

2. 1. 1950 Montag etwa 23.00

Ich weiß nicht mehr, was ich tun soll. Honza ist wohl am Freitag entlassen worden, seitdem habe ich weder sie noch Černý gesehen, den ich bis dahin immer wieder traf. Und ich weiß nicht, was ich tun soll. Schreiben – finde ich langweilig, obwohl ich schon an die 100 Seiten eines »Romans« fertig geschrieben habe. Reden – finde ich nervig, obwohl ich den ganzen langen Tag über Gott und die Welt quatsche und von Medek bis Svoboda alle meine Zuhörer gegen die Wand rede. In Kaffeehäusern herumzuhocken, macht mich traurig, obwohl ich dort tagtäglich sitze und mich tagtäglich mehr oder minder für das Geld betrinke, mit dem ich mir meine Anwesenheit honorieren lasse. Ohne Honza bin ich nur zur Hälfte ich selbst. Jeden Tag erinnert mich etwas an sie, und egal wo ich bin, entweder zu Hause, auf der Straße oder im Tanzlokal, muss ich weinen. Schon jetzt macht mir rein gar nichts Freude, nur das Schlafen, denn täglich träume ich von ihr, und ich, der sich immer über die Notwendigkeit des Schlafens beschwerte, schlafe nun 10 Stunden am Tag, damit sich die Träume verlängern, die mir als einzige wertvoll genug vorkommen, um Realität zu sein. Den halben wachen Tag verbringe ich dann mit nichts anderem als mit so intensiven Tagträumereien, wie ich sie noch nie hatte, spricht man mich an, höre ich nichts, eine ganze Stunde laufe ich im Zimmer hin und her oder trete auf dem Gehsteig auf der Stelle. Opium nehmen möchte ich, obwohl es zu den Dingen gehört, deren Einnahme ich nie verstanden habe. Jetzt wünsche ich mir nichts anderes, als träumen zu dürfen, und solange mich keiner wach rüttelt, ist mir die Realisierung der Träume schnuppe. Und obwohl ich mich an die Träume nur matt erinnern kann, sind sie so schön, dass ich Erregenderes nicht einmal gelesen hatte. Heute war ich in einem Kaffeehaus, gestern in zwei, vorgestern in noch mehr und so ähnlich seit einem Monat. Heute gebechert, gestern gesoffen, vorgestern gekotzt und das so ähnlich seit der Trennung von Honza. Wo steckt sie bloß? Bevor sie gemeinsam mit Černý eingelocht wurde, hatten sie beide Wenzl in Mělník besucht. In den Bibliotheken begegne ich ihnen nicht, in die Lokale, die ich frequentiere, gehen sie nicht. Und trotzdem ist Honza die Einzige, für die ich imstande wäre zu arbeiten.

ANMERKUNG DES AUTORS

Nach der heutigen Durchsicht des Textes, den ich seit einundzwanzig Jahren nicht in der Hand hatte, möchte ich Folgendes hinzufügen.

Die Niederschrift meiner Autobiografie wurde von vielen jungen Menschen unseres damaligen Undergrounds gewünscht.

Weil sich um meine Person seit Anbeginn etliche Mären, wenn nicht Legenden (laut Psychologen gibt es Fälle à la Peer Gynt) rankten, hielt ich diesen »Bericht« möglichst knapp. Über meine Person verschwieg ich jedenfalls nichts, über die anderen (Honza Krejcarová inbegriffen) viel, eigentlich fast alles. Jeder soll nur für sich allein über sich schreiben oder schreiben lassen. Die Konzentration auf faktografische Zusammenhänge verwischte allerdings die Plastizität der damaligen Zeit. Auch wenn sie durch die Zeilen hindurch schimmert, bildet sie im Grunde genommen lediglich einen nebligen Hintergrund. Es entsteht der Eindruck, als hätten wir die turbulenten Zeiten, in denen wir lebten, gar nicht wahrgenommen. Jeder, der wenigstens meine Gedichte aus der Zeit von 1948 bis 1958 kennt, weiß, dass das nicht stimmt. Aber es ist wahr, dass wir den Umbrüchen der Zeit keine größere Bedeutung beimaßen als nötig und dass uns unsere Arbeit wichtiger war.

Insbesondere junge Künstler mussten damals lernen, zu leben und ihr schöpferisches Potenzial mit der gleichen Intensität zu verwirklichen, wie junge Menschen aller Zeiten davor, sie mussten alles ausleben, was ihnen an Liebe, Arbeit, Freundschaft, Alkohol und an sonstigen Möglichkeiten des Kulturlebens zur Verfügung stand. Sie wären überhaupt nicht auf die Idee gekommen, ständig zu jammern, sondern setzten sich mit der größeren oder minderen Qualität ihrer Arbeit auseinander und ließen keine Ausreden über die »ungünstigen Verhältnisse« gelten – ohne dabei mit der Wirklichkeit, in der sie lebten, konform zu gehen. Die, die es nicht aushielten, konnten leicht »aufsteigen«, was sie auch taten – und nach einem halben Jahrhundert ist die Frage erlaubt, wo sie nun gelandet sind. Für die, die in konzentrierter Arbeit überlebt hatten, war die Situation sicherlich komplizierter (was es uns alle allein an Nerven gekostet hatte, ständig vor Militärdienst und Arbeitspflicht zu flüchten!), aber ich habe den Eindruck, dass die tschechoslowakische Kultur davon nur profitiert hat – einige von uns allerdings nicht.

Der zur Kollaboration unwilligen Künstlergeneration wurde ein bestimmter Lebensstil aufgezwungen, der sich am besten mit einer langjährigen Reise »am Seil durch die Niagara-Fälle« vergleichen ließe. Ähnlichkeiten zwischen uns waren größer als jegliche charakterlichen oder ideologischen Unterschiede. Wir suchten nach keinem gemeinsamen künstlerischen Programm, und das Schaffen der Personen, die gemeinsam in eine Ecke getrieben wurden, folgte den unterschiedlichsten Richtungen.

Auf die dringende Bitte der Herausgeber dieses Bandes füge ich meine dokumentarischen Tagebuchnotizen von Ende 1949 hinzu, aus jener Zeit also, die in der Autobiografie festgehalten wurde.

18. VIII. 2002, Bratislava

ZWISCHEN WAHRHEIT UND DICHTUNG
ANMERKUNGEN DER ÜBERSETZERIN

Egon Bondys Bericht – seine Erzählung – »Die ersten zehn Jahre« mäandert und springt assoziativ entlang der Zeitachse, strotzt, insbesondere am Anfang, vor Namen, die in der Tschechoslowakei entweder vor oder nach dem Zweiten Weltkrieg eine Rolle in der (vorwiegend linken) Kunstszene spielten, wobei die Daten und die berichteten Ereignisse nicht immer hundertprozentig genau wiedergegeben werden. Diese Abweichungen erschließen sich exemplarisch am besten beim direkten Vergleich mit dem im Anhang abgedruckten Auszug aus dem Tagebuch des damals Achtzehnjährigen. Was für ein historisches Dokument disqualifizierend wäre, macht »Die ersten zehn Jahre« zu einem authentisch wirkenden Stimmungsbild der neu entstehenden sozialistischen Tschechoslowakei und zur Literatur.

Der folgende Anmerkungsapparat spiegelt nicht alle unbekannten Namen oder Ereignisse wider, sondern lediglich die, die für das Verständnis des Textes notwendig sind. Ein großes Dankeschön an Martin Machovec für seine geduldigen Antworten zu Bondys Werk und Person, vielen Dank an Mirek Vodrážka für die Hintergrundinformationen zu der Verhaftungswelle vom 6. Mai 1981.

[Seite 7] Da hatte ich schon seit zwei Monaten mit der Valdschen in Podolí zusammengewohnt – wir beide im Wohnzimmer, Vater notgedrungen in der Küche: Der 1930 geborene Zbyněk Fišer alias Egon Bondy wächst wohlversorgt (ab 1942 als Halbwaise) in einer Villa in Prag Podolí auf: Sein Vater kämpfte – ähnlich wie Jaroslav Hašek – als Legionär (Mitglied der militärischen Freiwilligenverbände während des Ersten Weltkriegs) in Russland, später diente er als hoher Offizier der Tschechoslowakischen Armee (die Sekundärliteratur schwankt zwischen Oberst und General). Nach dem kommunistischen Umsturz von 1948 wird privates Eigentum an den Staat überführt: Die beiden Männer dürfen zwar bleiben (sie bekommen ein Zimmer zugewiesen und die Küche), müssen jedoch zwangsweise zusätzliche Mieter in ihrer Wohnung aufnehmen.

[Seite 7] Und nun saß mir die Zeit im Nacken, weil ich ab 17 Uhr im Nationalmuseum den Walfisch bewachen musste: 1887 kauften tschechische Patrioten für das »Museum des Königreichs Böhmen« das Skelett eines an der norwegischen Küste bei Bergen gestrandeten Finnwals und ließen es nach Prag bringen. Als 1982 der Neubau am Wenzelsplatz eröffnet wurde, bekam der Walfisch dort seinen Platz und ist bis heute ebenda zu besichtigen.

[Seite 10] Die zwei, die mich auf der Mánes-Terrasse angesprochen hatten, hießen Vladimír Šmerda und Libuše Strouhalová, und sie besuchten beide die Grafikschule. Sie hatten mich mal wo gesehen und etwas im Theater D48 aufgeschnappt: Auch wenn sie ziemlich bald Bondys Leben wieder verlassen werden: Die beiden haben die in Angriff genommene künstlerische Laufbahn weiter verfolgt, Libuše Líba Strouhalová kam allerdings Ende der 1970er Jahre bei einem Unfall ums Leben.

Die Erwähnung des Theater D48 – gegründet 1934 von dem Komponisten, Sänger und Schauspieler E. F. Burian (1904– 1959) als D34 (D steht für Divadlo alias Theater, die Ziffer für die Jahreszahl, zu dem von Bondy erwähnten Zeitpunkt wäre also D47 richtig) – ist ein Signalmarker: links und avantgardistisch. Der Dichter Vítězslav Nezval (1900–1958) unterstreicht diese Position noch: Er ist nicht nur Schrift- steller und Übersetzer, sondern vor allem überzeugter Kom- munist, Begründer des Poetismus und Surrealist. Nach 1948 wird er als Staatsbeamter ins Innenministerium berufen.

[Seite 14] nur ab und an sah ich Zdeněk Mlynář, der gleich- zeitig mit mir Mitglied der Kommunistischen Partei geworden war, und Ivo Vodseďálek: Zdeněk Mlynář (1930– 1997) war seit 1946 Parteimitglied (laut cs.wikipedia.org trat Bondy allerdings erst 1947 ein). Im Frühjahr 1968 war Mlynář Mitglied des ZK der KSČ und einer der engsten Berater von Alexander Dubček, nach der Okkupation der Tschecho- slowakei durch die Truppen des Warschauer Paktes und der Unterzeichnung des Moskauer Vertrags legte er seine Ämter nieder (und wurde 1970 aus der Partei ausgeschlossen). 1977 war er einer der Initiatoren der Charta 77 und wurde in der Folge in die Emigration (Österreich) gezwungen.

Ivo Vodseďálek (1931–2017), Dichter, Vertreter der *trapná pozie* (Peinliche Poesie) und bildender Künstler. Gemein- sam mit Bondy gab er im Samisdat die Edice Půlnoc (Edi- tion Mitternacht) heraus. Von Bondy wird er immer wieder Ivan genannt (vor allem in seinen Tagebüchern), in der vor- liegenden Ausgabe wird der offizielle Name Ivo beibehalten.

[Seite 15] Vor allem Hanes Reegen, viel älter als ich, der auch schon ein paar Jahre nach den hier geschilderten Begebenheiten starb …: Hanes Reegen (1922–1952), bildender Künstler und Grafiker, arbeitete in den 1950er

Jahren in den Stahlwerken Poldi in Kladno, wo er auch Vladimír Boudník kennenlernte. Zu seinen Lebzeiten blieb sein Werk weitgehend unbekannt, erst die Zeitschrift Revolver Revue holte ihn 1994 aus der Vergessenheit.

[Seite 17] **das Lied über Tschapajew ...:** Wassilij Iwanowitsch Tschapajew war ein Kommandeur der Roten Armee und ein Held des Russischen Bürgerkriegs. Das Lied stammt aus dem gleichnamigen sowjetischen Spielfilm von Sergej und Georgi Wassiljew von 1934, einem damaligen Kassenschlager.

[Seite 17] **Passagen über die Komsomol-Bewegung in der Ersten Tschechoslowakischen Republik exzerpieren:** Die 1918 gegründete Jugendorganisation der Kommunistischen Partei der Sowjetunion spielte in den 1920er Jahren eine große Rolle beim Aufbau der sowjetischen Schwerindustrie. Die Kommunistische Partei der Tschechoslowakei (gegründet 1921) näherte sich zwischen 1925 und 1929 immer mehr an die bolschewistische Position an mit programmatischer Abhängigkeit von der Kommunistischen Internationale. 1929 übernahm Klement Gottwald (1948–1955 der erste kommunistische Staatspräsident der ČSSR) die Führung (und die meisten Gründungsmitglieder traten aus). Natürlich ließen sich die Partei und ihre Mitglieder auch von der Komsomol-Idee inspirieren.

[Seite 19] **Als eine mögliche Lösung schwebte mir die Teilnahme am Bau der Jugend »Lidice – Most – Litvínov« vor, den es nach jugoslawischem Beispiel bei uns schon vor Februar 1948 gab. Die jugoslawische Omladinska pruga stellte für uns damals das höchste Vorbild dar – den sowjetischen Film »Komsomolsk. Stadt der Jugend« kannten wir noch nicht und den Schriftsteller Avdeenko vermutlich auch nicht:** Nach sowjetischem Vorbild beteiligte sich die fortschrittliche, sprich marxistische Jugend am

Aufbau des Landes (Eisenbahnstrecken, Stahlwerke), solche Projekte wurden als »Bau der Jugend« bezeichnet.

Omladinska Pruga: Eisenbahn der Jugend. Eisenbahnstrecke zwischen Šamac und Sarajevo, die 1947 binnen acht Monaten von jungen Menschen aus ganz Jugoslawien modernisiert bzw. neu gebaut wurde.

»Komsomolsk. Stadt der Jugend«: Ein Drama aus dem Jahr 1938 von Sergej Gerasimov über Jugendliche aus allen Teilen der Sowjetunion, die sich im undurchdringlichen Urwald der sibirischen Taiga versammeln, um am Fluss Amur in kürzester Zeit die Stadt Komsomolsk aufzubauen.

Avdeenko, Aleksander Ostapovitsch (1908–1996), sowjetischer Prosaiker und Stalin-Anbeter, der in seinen Werken u. a. die Arbeit in den Bergwerken des Donbass thematisiert, in denen er in seinen jungen Jahren gearbeitet hatte.

[Seite 20] Bei der Gelegenheit lernte ich in Kladno den Kreissekretär des ČSM Jaroslav Puchmertl kennen, Mitglied der surrealistischen Skupina Ra, deren Aktivitäten ich mit meinen Freunden natürlich ganz genau verfolgte: Jaroslav Puchmertl (1916–1991), Bildhauer und Kunstsammler. Nach dem Krieg wurde er zum kommunistischen Funktionär, später soll er mit der Staatssicherheit zusammengearbeitet und über befreundete Künstler berichtet haben.

Skupina Ra, eine linke surrealistische Gruppierung, wurde 1936 gegründet und vereinte Künstler verschiedener Richtungen (Maler, Grafiker, Fotografen, Dichter, Schriftsteller und Übersetzer). Während des Protektorats Böhmen und Mähren (für die deutschen Besatzer galt der Surrealismus als entartete Kunst) musste sie in die Illegalität gehen, nach 1948 wurde sie wiederum von den Kommunisten verboten.

[Seite 23] das Ganze glich eher »gemäßigtem Fortschritt im Rahmen des Gesetzes«: Anspielung auf die von Jaroslav Hašek (1883–1923), dem Autor von »Die Abenteuer des braven Soldaten Schwejk«, 1911 mitbegründete »Partei für gemäßigten Fortschritt im Rahmen des Gesetzes«, die Wahlmethoden und Phrasen der anderen Parteien satirisch kommentierte.

[Seite 27] Kritický měsíčník von Václav Černý wurde eingestellt. Černý selbst war mir kein Vorbild, aber seine Monatszeitschrift für Kunst- und Literaturkritik war gut: Kritický měsíčník wurde 1938 von dem Literaturwissenschaftler Václav Černý (1905–1987) gegründet. Černý war während des Protektorats wegen seiner Beteiligung am bürgerlichen, also nicht-kommunistischen Widerstand in Haft und wurde von der Gestapo gefoltert. Nach 1945 wurde er als Professor für Komparatistik an die Karlsuniversität berufen. Er setzte sich für die Freiheit von Bildung und Kunst ein. Nicht nur wurde seine Zeitschrift nach 1948 eingestellt, auch er selbst wurde entlassen und später inhaftiert.

[Seite 29] Der Brief des Kominform über den Ausschluss von Jugoslawien schlug allerdings wie ein Blitz ein: Kominform – Abkürzung für das Kommunistische Informationsbüro, die 1947 gegründete Nachfolgeorganisation der Komintern (Kommunistischen Internationale) mit Sitz bis 1948 in Belgrad, dann in Bukarest. Aufgabe des Kominform war es, Nachrichten und Erfahrungen der kommunistischen Parteien der UdSSR, Bulgariens, Jugoslawiens (bis 1948), Polens, Rumäniens, Ungarns, Frankreichs, Italiens und der Tschechoslowakei auszutauschen und deren Bestrebungen zu koordinieren. 1956 wurde das Kominform aufgelöst.

[Seite 32] Bevor man mich am 6. Mai nach Ruzyně gebracht hatte …: Laut Mitteilung der Charta 77 vom 15. Mai 1981 gab es zwischen dem 6. und 12. Mai 1981 in Prag, Brünn und Bratislava eine große Verhaftungswelle, hervorgerufen durch die Festnahme eines französischen Caravans an der tschechoslowakischen Grenze am 27. April, in dessen doppelter Verkleidung verbotene Bücher und Zeitschriften gefunden wurden. Dieser Weg wurde dank der Jan Hus Educational Foundation (gegr. Ende der 1960er Jahre in Oxford) seit etwa zehn Jahren für beidseitigen Literaturschmuggel (tschechische Manuskripte ins Ausland, internationale Presse und Exilliteratur ins Land) verwendet. Es gibt die Vermutung, dass die Verhaftung von Bondy, der immer wieder als Agent der Staatssicherheit geführt wurde, seine Involvierung bei der Sache kaschieren sollte. Belegen lässt sich diese These meines Wissens nicht, sie würde aber die aufgewühlte Stimmung dieser Passage besser nachvollziehbar machen.

[Seite 34] Endlich hatte ich Zeit zur Endstation der Metro Jižní Město hinauszufahren: Diese wurde am 7. November 1980 fertiggestellt, also etwa sechs Monate vor der oben geschilderten Verhaftung. Heute trägt sie den Namen Háje (Linie C). Wenn man nach dem Aussteigen die große Ausfallstraße samt Plattenbausiedlung überquert hat, ist man tatsächlich im Grünen. Den von Bondy erwähnten Teich gibt es immer noch.

[Seite 37] und dafür musste ich unbedingt … Karel Teige kennenlernen …: Karel Teige (1900–1951), Vermittler und Kunsttheoretiker der tschechischen Avantgarde, außerdem Publizist und Übersetzer aus dem Französischen, gründete 1934 mit Nezval, Toyen und Štyrský die Surrealistische Gruppe. In seiner Auffassung war der Surrealismus eine Lebensphilosophie, die die Perspektive der revolutionären Realität mit der Phantasie, dem Kollektiven und der Freiheit vereinigte. Anders als André Breton bestand er auf der marxistischen Soziologie der Kunst. Nach 1948 lehnte er jede Anpassung an das Regime entschieden ab.

[Seite 38] **Die spannendsten unter ihnen waren Karel Hynek … und Vratislav Effenberger … Aber in Mělník lebte Oldřich Wenzl, … in der Nachbarschaft dann ein gewisser Zuska … Außerdem gab es die Surrealisten aus Prag Spořilov, angeführt von Zbyněk Havlíček …:** Der Surrealist Karel Hynek (1925–1953) verfasste gemeinsam mit dem Schriftsteller und Literaturwissenschaftler Vratislav Effenberger (1923–1986) diverse surrealistische Theaterstücke; Oldřich Wenzl (1921–1969) war ein Dichter.

Der Surrealist Jan Zuska (1918–1979) war Mitglied der Skupina Ra. Später arbeitete er als Dorflehrer und professioneller Musiker (Pianist) auf dem Land; Zbyněk Havlíček (1922–1969) war ein Dichter und Theoretiker des Surrealismus.

[Seite 39] **… von seinen Leuten stach am stärksten der sattelfeste Parteigänger Zbyněk Sekal hervor …:** Zbyněk Sekal (1923–1998), Bildhauer, Maler und Übersetzer, emigrierte nach 1968 nach Österreich.

[Seite 41] **… in den Zeitungen wimmelte es schon von Hetzartikeln jeglicher Couleur – unter anderem auch gegen Teige und das Magazin Kvart. Wie viele andere wurde auch die Brünner Zeitschrift Blok verboten. Skupina 42 spaltete sich in einen sozrealistischen und einen modernistischen Teil:** Magazin Kvart, ein Sammelband für Poesie und Wissenschaft der 1930er/1940er Jahre, dort erschienen auch Texte über den Surrealismus und die Avantgarde

Blok, Zeitschrift für Kunst aus Brünn.

Skupina 42, avantgardistische Gruppierung tschechischer Künstler und Literaten (1942–1948), orientierte sich programmatisch an der Ästhetik des städtischen Alltagslebens.

[Seite 41] **Der Sammelband wurde in einhundert Exemplaren vervielfältigt:** Der 1949 zusammengestellte Sammelband trug den Titel »Židovská jména« (Jüdische Namen). Die unter einem jüdischen Namen verfassten Beiträge stammten u. a. von Effenberger, Wenzl und Krejcarová.

[Seite 42] Vor mir zeichnete sich deutlich eine mögliche Karriere ab, die auch tatsächlich von vielen meiner Zeitgenossen beschritten wurde, die die Jahre des Stalinismus unter dem Deckmäntelchen der Heuchelei überstanden und »später nur noch auf Rache sannen«, wie es 1968 mit göttlicher Naivität Ludvík Vaculík, Milan Kundera und andere zum Ausdruck brachten: Ludvík Vaculík (1926–2015) wie Milan Kundera (*1929), beide der deutschen Leserschaft aus zahlreichen Übersetzungen bekannt, waren bekennende Kommunisten und halfen beim Aufbau des Sozialismus mit. Später gehörten sie zu den Reformkommunisten des Prager Frühlings. Erst nach 1968 wechselten sie auf die Seite der Opposition (Vaculík) oder gingen in die Emigration (Kundera).

[Seite 43] Die junge Frau im Nachthemd hieß Honza Krejcarová …: Jana (Honza) Krejcarová (1928–1981), wurde später auch unter dem Namen ihres zweiten Mannes – Černá – bekannt. Sie war Dichterin, Schriftstellerin und bildende Künstlerin. Eine Kostprobe aus ihrem literarischen Werk findet sich in Übersetzung von Martina Lisa im Band »Totale Sehnsucht, Gedichte.Prosa.Liebesbrief«, Ketos Verlag 2022. Außerdem sei auf den dokumentarischen Film von Nadja Seelich »Sie saß im Glashaus und warf mit Steinen« von 1993 hingewiesen.

… Außerdem hatte sie die Nacht davor mit Gabina gezecht, der ersten Frau von Mikuláš Medek …: Mikuláš Medek (1926–1974), einer der wichtigsten Vertreter tschechischer moderner Malerei, gelangte über Surrealismus und figurative Malerei zu emotionaler, mystisch angehauchter abstrakter Malerei. Seine zweite Frau Emila war eine bekannte Fotografin.

[Seite 43] In diesem Chaos wirbeln meine alten und neuen Freunde – Karel Teige, Záviš Kalandra – nebst surrealistischen Meetings …: Záviš Kalandra (1902–1950): Historiker, Journalist, Publizist, Mitglied der Surrealistischen Gruppe von Teige. 1923 trat er der Kommunistischen Partei der Tschechoslowakei bei und wurde 1936 unter dem Vorwurf des Trotzkismus (wegen seiner Kritik an den in Moskau ablaufenden stalinistischen Prozessen) aus der Partei ausgeschlossen. Während des Protektorats kämpfte er im Widerstand, nach Verhaftung durch die Gestapo war er in mehreren deutschen Konzentrationslagern inhaftiert. Als Kopf einer imaginären »Trotzkistengruppe« wurde er 1949 von der Staatssicherheit festgenommen, dem zweiten großen Schauprozess mit bürgerlichen Oppositionspolitikern zugeordnet und zum Tode verurteilt.

[Seite 46] In Horní Stromky tranken wir bis zu Silvester schwarz gebrannten Curaçao, mit dem uns der damals noch unbekannte Neprakta belieferte: Neprakta – Pseudonym von Jiří Winter (1924–2011) – war ein bekannter Maler, Karikaturist, Illustrator und Humorist.

[Seite 48] … die sexuelle Lyrik »Zahrádka otce mého« (Im Garten meines Vaters), so offenherzig und gleichzeitig dermaßen lakonisch serviert, dass es einem den Atem verschlug. Der Titel »Zahrádka otce mého« ist ein Vers aus Jelíneks Übersetzung von »Auprès de ma blonde«: »Auprès de ma blonde« (auch »Le Prisonnier de Holland«) ist ein französisches Volkslied, bekannt auch unter dem Namen »Dans le jardin d'mon père«.

[Seite 51] Mníšek unterm Herzen: Die Kapitelüberschrift bezieht sich auf eine Zeile aus Bondys später im Text erwährntem Werk »Zbytky eposu« (Reste des Epos): »Pod srdcem Mníšek, v břiše Nový Knín, bylas jen neexistující stín, ty moje Anais Nin« (frei übersetzt: Mníšek unterm Herzen, im Bauch Nový Knín, ein nicht existierender Schatten, das bist du, meine Anaïs Nin).

[Seite 51] … auch dem Maler Josef Lehoučka begegnete ich dort …: Josef Lehoučka (1923–1999), Absolvent der UMPRUM, Maler und Grafiker, arbeitete anfangs auch als Kranführer, Keramiker und Werbetexter, bis er sich ab 1967 ausschließlich der Kunst widmete.

[Seite 55] … die Konzentrationslager füllten sich, erste Hinrichtungen wurden vorbereitet …: Der Begriff Konzentrationslager steht im Tschechischen in erster Linie für Internierungslager (ein nicht nur nach dem Ersten Weltkrieg gebräuchlicher Terminus in Bezug auf die Internierung der Kriegsgefangenen oder politischen Abweichler wie in Sowjetrussland). Nach 1948 wurden auch in der Tschechoslowakei politisch unerwünschte Personen in Konzentrationslagern interniert und zu Strafarbeiten verurteilt. Bis heute wird im Volksmund das Lebensgefühl in einem Land des Ostblocks mit dem Aufenthalt in einem Konzentrationslager verglichen.

[Seite 56] … sogar Vladimír Boudník lernten wir kennen, den ich zwar flüchtig von früher gekannt hatte, ihn aber nun für ein paar Tage zu uns nach Mníšek einlud: Vladimír Boudník (1924–1968) wurde während des Protektorats zum Arbeitseinsatz ins Reich abkommandiert. Nach dem Krieg besuchte er die Grafikschule, später arbeitete er im ČKD Vysočany. Inspiriert von Jackson Pollocks »Drip Paintings« verfasste er drei Manifeste des »Explosionalismus«. Zu seinen Lebzeiten stellte er kaum aus, veranstaltete allerdings kleine Happenings in den Straßen Prags. Wie Egon Bondy eine bekannte Figur aus Bohumil Hrabals »Sanfte Barbaren«.

[Seite 58] **Seine Andeutungen von gemeinsamer Vorgehensweise mit sagen wir mal unseren National-Sozialisten oder Sozialdemokraten fand ich unfassbar skandalös:** Die Tschechoslowakische Nationalsozialistische bzw. Volkssozialistische Partei (Československá strana národně socialistická) hat nichts mit den deutschen Nationalsozialisten zu tun: Während der 1. Tschechoslowakischen Republik (1918–1939) war sie eine der stärksten Parteien des Landes (prominente Vertreter: der spätere Präsident Eduard Beneš oder die 1950 gemeinsam mit Kalandra hingerichtete Milada Horáková). 1938 wurde sie Teil der Nationalen Arbeiterpartei (Národní strana práce), die nach der deutschen Besetzung 1939 verboten wurde und in den Untergrund oder ins Exil gehen musste. Die Tschechoslowakische Sozialdemokratische Arbeiterpartei (Československá sociálně demokratická strana dělníků) wurde ebenfalls nach 1939 verboten, auch hier waren viele der Mitglieder im Widerstand tätig. Nach 1945 wurde sie als die Tschechoslowakische sozialdemokratische Partei erneuert, nach 1948 von der Kommunistischen Partei verschluckt.

[Seite 72] **… woraus mein Vater die einzig vernünftige Folgerung zog und mich wieder in die Klapse einweisen ließ, diesmal in die Psychiatrieklinik von Prof. Mysliveček …:** Zdeněk Mysliveček (1881–1974) war ein Neurologe und einer der Begründer der tschechischen Psychiatrie. Seit 1930 leitete er die psychiatrische Klinik in der Kateřinská Straße, die unter älteren Pragern bis heute als »bei den Myslivečeks« bezeichnet wird.

[Seite 88] **Ein Major der Grenzwache mit dem fatalen Namen Kopeček saß dort ein …:** Das Pendant zum »rübermachen« der DDR heißt auf Tschechisch *přes kopečky* – »über die Hügel gehen«. (Die natürliche tschechische

Grenze wird ja größtenteils aus Bergketten gebildet.) Bei einem Major der Grenzwache dürfte der Name »Hügel« tatsächlich auffallen.

[Seite 89] Solange Honza noch in der Psychiatrie war, stellte ich mich fürsorglich jeden Tag unter ihr Fenster …: Wollte man im Sozialismus Verwandte in der Psychiatrie (oder als frischgebackener Vater seine Frau in der Entbindungsklinik) besuchen, stellte man sich auf der Straße unter das entsprechende Fenster und wartete, bis die Person erschien.

[Seite 90] Die Faschismusauffassung von Adolf Born oder Oldřich Jelínek war allerdings stark humorbefreit …: Adolf Born (1930–2016) war ein Karikaturist, Grafiker und beliebter Illustrator (nicht nur von Kinderbüchern).
Der Grafiker Oldřich Jelínek (*1930) lebt seit 1968 in München.

[Seite 93] In den Jahren trank ich … auch mit Bohumil Hrabal …: Bohumil Hrabal (1914–1997) ist neben Hašek und Čapek einer der bekanntesten tschechischen Schriftsteller des 20. Jahrhunderts. Aufgewachsen in der Brauerei seines Stiefvaters bei Nymburk, studierte er an der Juristischen Fakultät in Prag. Während des Protektorats arbeitete er als Fahrdienstleiter bei der Eisenbahn. Nach dem Krieg war er Hilfsarbeiter in einer Stahlhütte und in einer Rohstoffsammelstelle für Altpapier. Sein Leben spiegelt sich in seiner Prosa wider. Ab 1963 Berufsschriftsteller, wurde er allerdings nach 1970 mit Publikationsverbot belegt. 1975 veröffentlichte er in der Zeitschrift Tvorba ein selbstkritisches, also regimefreundliches Interview. Dadurch durfte er – unter Zensurbedingungen – wieder publizieren.

[Seite 93] Meinem Vater wurde die Rente wesentlich gekürzt, er bekam knapp neunhundert in neuer Währung …: Als Angehöriger der tschechoslowakischen Armee der Vorkriegszeit und einstiger Legionär (ein Thema, mit dem sich die kommunistische Regierung sehr schwertat) wird Bondys Vater »zur Strafe« vermutlich eine satte Kürzung seiner Rente bekommen haben. Die neue Währung bezieht sich auf die bis zum letzten Moment von der Regierung geleugnete (und für die Bevölkerung äußerst ungünstige) Währungsreform von 1953.

[Seite 99] alles wurde in einem Wahnsinnstempo von Monat zu Monat schlimmer, ein großer Schauprozess folgte auf den anderen, irgendwann war Marie Švermová & Co. dran, schließlich Rudolf Slánský & Co. ...: Hier irrt Bondy, die Reihenfolge war umgekehrt: Nachdem die kommunistische Partei auf Drängen der Sowjets beliebte bürgerliche Politiker bzw. frühere kritische Mitstreiter aus dem öffentlichen Leben entfernt hatte, waren 1952 die jüdischen »Verschwörer« an der Reihe. Im Prozess mit dem ehemaligen Generalsekretär der KPČ Rudolf Slánský (1901–1952) waren von 14 Angeklagten elf Juden. Der von Bondy erwähnte Prozess mit Marie Švermová & Co. fand 1954 statt, hier saßen die Kreisparteivorsitzenden auf der Anklagebank. Es wurden keine Todesurteile mehr ausgesprochen: Marie Švermová (1902–1992) bekam »nur« lebenslänglich.

[Seite 101] ... so war das insbesondere in meiner Ehe ...: Die Ehe mit Jaroslava Kramaříková (1936–2001), in der 1961 Bondys Sohn Zbyněk Fišer zur Welt kam, löste sich 1963 auf, als Bondy seine große Liebe Julie Nováková (1920–1994) kennenlernte.

[Seite 104] Wo immer sie wohnte, herrschte in ihrer Wohnung ein solcher Saustall, so dass die Bezeichnung Postmortalie, mit der Herr Karel in Anlehnung an die berühmte Geschichte von Ladislav Klíma ihre Wohnung beschrieb, keine Übertreibung war: Ladislav Klíma (1878–

1928) war ein tschechischer Philosoph und Dichter. Herr Karel bezieht sich an dieser Stelle auf die Geschichte »Skutečná událost sběhnuvší se v Postmortalii« (Wahre Begebenheit, die in Postmortalien geschah) aus dem 1932 erschienenen Erzählband »Slavná Nemesis« (Die glorreiche Nemesis): Angesichts von Klímas postmortaler, monströs ekliger Welt wirkt die Bezeichnung Saustall allerdings fast niedlich.

[Seite 105] Mit Konstantin Sochor kam ich zufällig ganz am Ende von 1951 bei Andrej Bělocvětov zusammen: Der Maler Andrej Bělocvětov (1923–1997), Sohn eines reichen argentinischen Geschäftsmanns und einer russischen Konzertpianistin, war Absolvent der Grafikschule. Während des Protektorats nahm er an den Surrealistentreffen in Spořilov teil.

[Seite 112] Es war Fráňa Drtikol, mir dunkel als ein Fotograf der Ersten Tschechoslowakischen Republik bekannt …: František Drtikol (1883–1961) gehört zu den bekanntesten tschechischen Aktfotografen, seine anfangs von Art déco geprägten Fotos weisen später kubistisch-futuristische Elemente auf. 1935 gab er die Fotografie auf und widmete sich der Malerei und dem Buddhismus. Seine 2013 von Jan Němec verfasste Roman-Biografie »Dějiny světla« ist 2019 auf Deutsch unter dem Titel »Die Geschichte des Lichts« im Osburg Verlag erschienen (Übersetzung: Martin Mutschler).

[Seite 126] Bei Dr. Freund hatte ich einen Dr. Pinkava kennengelernt, einen selbstbewussten und ambitionierten jungen Mann ungefähr in meinem Alter: Václav Jaroslav Karel Pinkava (1926–1995) war ein Psychologe und Schriftsteller, der nach dem August 1968 nach England emigrierte. Unter dem Pseudonym Jan Křesadlo veröffentlichte er zahlreiche Romane, die ersten davon noch im Exilverlag 68 Publishers in Toronto. Er bezeichnete sich selbst als Universalgelehrter, seine Prosa und Lyrik spiegeln entsprechend alle möglichen Wissensbereiche wider.

[Seite 147] Wir wollten Geld von Fišárek, Nezval und Jarmila Svatá eintreiben …: Maler Alois Fišárek (1906–1980), Dichter Vítězslav Nezval (1900–1958), Schauspielerin und Schriftstellerin Jarmila Svatá (1903–1964) – ob Bondy und Honza bei ihnen Geld für ein Projekt oder für sich selbst sammeln wollten, bleibt unklar.

[Seite 151] Wir einigten uns auf einen Telefonanruf bei Jožka und bei Obrtel: Jožka Nevařilová (1900–1951) war die Ehefrau von Karel Teige und Übersetzerin aus dem Französischen. Nach Teiges plötzlichem Tod (und der späteren Hausdurchsuchung) nahm sie sich das Leben. Vít Obrtel (1901–1988) war ein tschechischer Architekt und Designer mit literarischen Interessen. Gemeinsam mit Teige hatte er 1930 das Magazin Kvart gegründet, bis zu seiner Schließung war er 1949 dessen Chefredakteur und Typograf.

[Seite 151] Die letzte mögliche Hilfe – Werich – war nicht zu Hause …: Jan Werich (1905–1980) gründete 1925 gemeinsam mit Jiří Voskovec und Jaroslav Ježek das für die 1. Tschechoslowakische Republik bedeutende Avantgardetheater Osvobozené Divadlo (Befreites Theater), das sich mithilfe von komisch-satirischen Mitteln mit politischen und sozialen Problemen auseinandersetzte. Als Antwort auf das Münchner Abkommen von 1938 emigrierten Werich, Voskovec und Ježek in die USA. Nach 1945 kehrte Werich in die Tschechoslowakei zurück und arrangierte sich mehr oder weniger mit dem neuen Regime.

[Seite 153] Als sie nachts vom Abendessen mit Chalupecký zurückkehrten: Jindřich Chalupecký (1910–1990) war ein bekannter Kunst- und Literaturtheoretiker, Übersetzer und Theoretiker der Skupina 42. Sein Credo: »Ein Künstler darf keine politischen Aufträge erfüllen, seine Aufgabe ist die Wahrhaftigkeit«. Nach 1948 hatte er keine Publikationsmöglichkeit mehr, erst in den 1960er Jahren durfte er wieder veröffentlichen.

[Seite 155] … eine Intervention sei unmöglich, Staša Jílovská hätte mit Václav Lacina gesprochen …: Staša Jílovská (1898–1955), Journalistin und Übersetzerin aus dem Englischen und Französischen. Gemeinsam mit Milena Jesenská, Honzas Mutter, besuchte sie das erste Mädchengymnasium Mitteleuropas Minerva und blieb seitdem eng mit Milena befreundet. 1945 trat sie der KPČ bei, von 1945 bis 1952 war sie in der Auslandsabteilung des Ministeriums für Information und Presse angestellt.

Václav Lacina (1906–1993) war ein Humorist, Dichter und Prosaist, der in den Jahren 1945 bis 1947 ebenfalls im Ministerium für Information und Presse tätig war. Zu der Zeit, über die Bondy berichtet, arbeitete er als Pressereferent am damaligen Justizministerium.

[Seite 156] Um 5 ging ich mit Ivo zur Philosophischen Fakultät, wo die Verhandlungen über die Affäre von Pachovský, Honzík, Grebeníčková und Jan Štern fortgesetzt wurden. Eine so plumpe Farce, dass ich fast einen Lachkrampf bekam: Die Affäre bezog sich auf ein Pamphlet auf Vítězslav Nezval, den damaligen Vorzeigedichter des Kommunismus. Die von der Verbreitung des Pamphlets Beschuldigten wurden vom »Ehrengericht« der Fakultät vom Studium suspendiert und aus der Partei ausgeschlossen.

[Seite 159] … gestern Abend gab es bei Istler ein Treffen mit Teige …: Josef Istler (1919–2000) war ein Maler-Autodidakt, Mitglied der Skupina Ra, Fotograf und Grafiker.

GEDICHTAUSWAHL

Aus den Gedichtbänden:[1]

»Totaler Realismus« (Totální realismus; datiert: Oktober bis Dezember 1950)

»Dagmara oder die Überemotionalität« (Dagmara aneb Nademotionalita; datiert: Februar 1951)

»Sinn der Poesie«[2] (Smysl poesie; datiert: Februar bis Oktober 1951)

»Das besoffene Prag«[3] (Ožralá Praha; datiert: Oktober 1951 bis Februar 1952)

Alle für diesen Anhang übersetzten Gedichte sind im Band »Básnické spisy I.« (Dichterische Werke I) enthalten; Verlag argo, Praha 2014, herausgegeben von Martin Machovec.

---

1   Die für diesen Anhang getroffene Auswahl von Beispielen aus dem Schaffen von Egon Bondy ist – was die Länge der Gedichte betrifft – alles andere als repräsentativ. Bondy schrieb in den Jahren 1947–1957 auch längere Gedichte, umfangreiche Gedichtzyklen.

2   »Sinn der Poesie« ist eine Zwischenüberschrift, Titel der entsprechenden Abteilung. Diese in der Abfolge sechste Abteilung gehört zu dem siebenteiligen Gedichtband (Originaltitel:) »Für Bondys unbekannte Geliebte aneb Nepřeberné bohatství«.

3   »Das besoffene Prag« ist ebenfalls eine Zwischenüberschrift. Diese in der Abfolge letzte Abteilung gehört zu dem dreiteiligen Gedichtband »Das große Buch« (Velká kniha).

Auswahl aus: »Totaler Realismus« [Ich und Es][4] *(achtzehn Gedichte von insgesamt vierzig)*

Ich wollte mich an Marie erinnern
aber kann es nicht
wollte mich an Liebe erinnern
kann es nicht
wollte mich an eine innerparteiliche Hinrichtung
  erinnern
draußen wird es dabei hell
und wieder eine Nacht für nichts und wieder nichts
in der Zwischenzeit ist alles futsch und zu nix gemixt
und wir die wir nicht sterben wollen
müssen von vorn anfangen

Und wir müssen von vorn anfangen
die wir nicht sterben wollen
in der Zwischenzeit ist sowieso alles futsch
eine Nacht für nihil und wieder nichts
draußen wird es hell
wollte mich an eine innerparteiliche Hinrichtung
  erinnern
kann es aber nicht
wollte mich an Liebe erinnern
kann es nicht
wollte mich an Marie erinnern

4 Der Titel in Klammern ist auch im Original auf Deutsch.

Und wir müssen von vorn anfangen
in der Zwischenzeit ist alles futsch
draußen wird es hellilo
und wieder eine Nacht ganz nihilo
wollte mich an die Liebe erinnern
wenn ich nicht sterben will
kann aber nicht

*

In Prag wird getanzt
In Prag sind alle froh

*

Traf mal einen einsatzbereiten Soldaten
Ich zeig's dir du Lümmel schrie er mich an
und feigte mir eine ans Ohr

*

Weil ich der größte lebende Dichter bin
ist nun mal auch Grübelnüben dran
Entscheidend für die Poesie sind die Sekunden
in denen die Dichtermacht schlappe macht

*

Straßenlautposaunen sagen die Korrektzeit an
außerdem gibt es Durchsagen über Stromsperren
und über die Ergebnisse der letzten Strafprozesse
und die der wichtigsten Derbys

*

Als du kamst
las ich gerade einen Bericht über die Hochverrats-
    prozesse
Nach einer Weile zogst du dich aus
und als ich bei dir lag
warst du hochgenehm wie immer

Nachdem du gegangen warst
las ich noch das Ende über die Hinrichtungen

*

Die Häftlinge stehen um sechs Uhr auf
machen ihre Betten und befüllen den Eckkübel
Um halb sieben gibt es Frühstück
an den Staatsfeiertagen Kaffee weiß

*

Die Offiziere und ihre Frauchen
werfen sich in schicke Kleidchen
und gehen aus
ich auf meiner Caféterrasse
übersehe nichts schlürfe nebenbei aus meiner Tasse
Was die Sträflinge betrifft und ihre Frauen
wie hässlich die sich kleiden hat mich umgehauen
das bongte ich alles genau
im Bau
Und so liebe ich über alles
die Offiziere und ihre stoffbehängten Tussen

*

Du schliefst vor einer ganzen Weile ein
Jetzt wird es wieder hellerein
vielleicht ist der Großmond gerissen
du verteilst dich nackt auf meinen Kissen
während in allen Prager Bahnhöfen
rangieren und lärmen jede Nacht
Züge mit Waffen für die Sowjetmacht

*

Marie küsst mich obwohl es uns beide ermüdet

*

Demnächst wird Marie ihr Kind bekommen
»Komm!«, sagte ich
»wir besaufen uns und machen auf albern«
Was geht mich das Kind an
es ist nicht meins

Sie hasst mich mehr als ich sie
dabei liebe ich sie auch noch

*

Der Jahrestag der Oktoberrevolution

Am zweiunddreißigsten Jahrestag
der Großen sozialistischen Oktoberrevolution
schalteten die Normenbrecher der Schwerindustrie
auf extrem harte Normen um
Das rationierte Mehl wurde freigegeben
Das neue Strafgesetzbuch trat in Kraft
Der Genosse Kaganowitsch
ließ sich über den Frieden aus
Du warst gerade schwer vergrippt
am Ende fickten wir dicht an dicht

*

Unser Prag voller Plakate
unsere Armee
und unsere Kampfaktivisten
meine Liebe zu Marie
und mein Hass auf ihr Kind
die Hinrichtungen meiner Freunde
die Unmöglichkeit Prag zu verlassen
all das meine Schreckensträume
wie üble Schübe zäher Langeweile

*

Ich verabschiedete mich von Marie

Sie sagte ihr sei übel

Ich legte mich auf die Lauer

Der andere kam

Die beiden gingen in die Stadt

Nachts kamen sie zurück

Blieben in der Wohnung

Marie liebt uns beide

*

Du liegst und er glotzt in deinen Schoß
Du bist glücklich und hebst die Beine
und streichelst seinen Kopf
die Neonreklamen blinken
die Soldaten klatschen mit ihren Stiefeln
hinter einer Gefängnismauer fiel ein Kopfschuss
und in der Fabrik wurde noch einer verhaftet
mich geht das alles nichts an
du solltest mich lieber küssen

*

Marie bekam ein Kind
es ist ein Balg
liegt im Salg

*

Lange Wartezeiten lassen sich stark verkürzen
tönte eine Genossin in der Verwaltung
Kriegen Sie einfach raus wo sie wen geholt haben
und die Zuweisung gibt es hoppidihopp

*

Ich fuhr mit dem Bus zur Endhaltestelle
Wo die Blumen ihre Blüten öffnen
Die Leute im Bus waren fröhlich
erzählten was vom Frühling
Es ist März

Auswahl aus: »Dagmara oder die Überemotionalität« (alle ausgewählten sieben Gedichte [von insgesamt fünfundvier- zig] stammen aus »Bondy Dagmara«, der ersten Abteilung dieses Gedichtbandes)

DIE KEUSCHE DAGMARA

Dagmara ist keusch zu viel
Sie erlaubt sich kein Gefühl

Auch wenn sie mit Ivo isst
schmeckt's ihr nicht
's ist ihre List

*

[im Original auf Deutsch]

Dagmara
macht eine großartige Erfindung
Nach Mitschurinischen Methoden
hat sie die Zimmerlinde
ins Lindenzimmer
umgewandelt
Sie setzt sich hin und schreibt nach Moskau

DAGMARA A BONDY

Dagmara mag Bondys Schreibe nicht
Weil zu sehr sie sein Thema ist

In ihrem Literaturkränzchen verplapperte sie sich
    kürzlich
Bondy – sagte sie – ist doch der landesgrößte
    Dichterfürst

*

[im Original auf Deutsch]

Dagmara schläft um zu träumen
Sie will nichts Hübsches versäumen
Sie schläft und schläft und träumt und träumt
und hat die Vorlesung versäumt

*

Dagmara wird von Zweifeln gerütt- und geschüttelt
Mannomann! Kinder ließen sich glatt doch chemisch
    zeugen
Sie ruft ihren Ivan zu sich auf die Datsch
und mischt flink einen Eiweißmatsch
Schon nach einer Weile dann
sprießen springen hüpfen kleine Sprosse
aus der Reagenzgosse
Dagmars Kindertross

*

Dagmara hat eine neue Motze
die sie hell in Freude versotze
Sie strickt sich gar 'ne Wollmötze
für diese ihre neue Motze

*

Dagmara kennt unsere Landeshymne
pfeift sie wie 'ne alte Alumne
Ich sage Pfui!
Das Land sagt doch grade HottHüHui

Auswahl aus: »Sinn der Poesie« (acht Gedichte von insgesamt sechsundzwanzig; »Sinn der Poesie« ist die sechste Abteilung eines siebenteiligen Gedichtbandes – siehe auch Fußnote Nr. 2)

DER JÜDISCH-FASCHISTISCHE-BOLSCHEWISTISCHE
BONDY SCHREIBT AUCH EINMAL PHILANTHROPISCH

[im Original samt Überschrift auf Deutsch]

Es lebe es lebe es lebe
Flut und Ebbe

Es lebe Immanuel Kant
und auch das freie Helgoland

Auch lebe hoch die Friedenstaube
g'rad' jetzt girrt sie in meiner Laube

Vor allem lebe Wilhelm Pieck
ich selbst bin auch ein bisschen dick

Es lebe die Rote Armee und
es lebe auch der Völkerbund

Es lebe die Sparkasse und das Geld
es lebe einfach die ganze Welt

Es lebe es lebe es lebe
Blut und Ehre

*

Rund ums Haus Wald
in dem Wald Wild
Waldwild wird wild
gestern noch so mild

Wenn im Wald Rind
kriecht der Hund in Spind
frisst er dann geschwind
alles was im Spind voll Grind

*

Das russische Wörterbuch

Die vereinigten Stahlwalzwerke guten Rufs
binden den Riesenwälzer des Russischen Wörterbuchs

In diesem tollen Werk ohne Gewährfrist
finden Sie aufgelist Ihr ganzes Wunschgerüst

Beispielhaft ist das Stichwort »Revolution«
weist hin auf eine Fußgeschwürextinktion

Dagegen das holde Stichwort »Freiheit«
besingt die des frohen Volkes Arebeit

Dem gebundenen Russischen Wörterbuch
gehört umgebunden ein stolzes Rotarmistentuch

*

BONDY WIEDERUM BESOFFEN

[im Original samt Überschrift auf Deutsch]

Wieder eine Woche endet
und ich hab' mich nicht umwendet

Man sagt mir ich solle schreiben
das Saufen nicht übertreiben

Wenn meine Begabung stirbt
wird aus mir ein guter Wirt

*

DER REIM

[im Original samt Überschrift auf Deutsch]

Ich sitze heim
und suche Reim
auf blödes In-der-Welt-Sein mein

Jetzt hab' ich ihn gefunden
nach sieben langen Stunden
mit dem Verstand gesunden
sitze ich heim

*

BONDY DIE NEOSURREALISTISCHE POESIE LESEND

[im Original samt Überschrift auf Deutsch]

Grenzenlos ist die Weisheit
Gottes – und auch die Willensfreiheit

Wie wir in der Bibel lesen
kalkuliert Gott jedes Wesen

So dass sicher auch ein Dreck
hat seinen geheimen Zweck

*

ELEGIE

Ich lass mir kommen mein Festtagsfutter
auf das Grab meiner werten Mutter

*

Ich

[im Original samt Überschrift auf Deutsch]

Ich bin so nett
und das ist blöd
denn niemand's in der Welt versteht

Ich weiß genau
bin alte Sau
Alles Übrig' ist Überbau

Auswahl aus: »Das besoffene Prag« (sechs Gedichte von ins-
gesamt fünfundzwanzig; »Das besoffene Prag« ist die dritte
Abteilung des Gedichtbandes »Das große Buch«)

WIEDER WAR ICH REICHLICH BESOFFEN
der ganze Tag war für jeden Blödsinn offen
ich soff und soff und die übrigen Deppe
zahlten die Zeche

Die die zahlten und blechten
freuten sich wie die Bekleppten
und wer hätte sich nicht amüsiert
wenn ich so heiß alkoholisiert

Dann brachte man mich nach Haus ins Kühle
mit Geschimpfe und Fratzen voller Schaum
Und auf der Kleinseite neben der Mühle
stand ein schneeondulierter Traum im Baum

Ich holte mir grad Franzbranntwein
und dreißig Kronen waren weg
jetzt will ich horchen in mich rein
ob der Stoff schlägt den Rumverschnett

Ist halbprozentig Menthol drin
ich rülpse schon wie 'ne Brunftäffin
plus siebzig Prozent Reinkohol
kippen mich hin zum Südenpol

Probeweise heute Franzbranntwein
preislich schlägt er jeden Rum
mein Gehirtn wird bald löchrig sein
das Saufen haut doch jeden um

Mɪᴛ Vʟᴀᴅɪᴍíʀ ᴛʀɪɴᴋ ɪᴄʜ ᴡɪᴇ ᴇɪɴ Lᴏᴄʜ
auch wenn die Sonne sonst wie hoch

Wir sitzen im Kneipeneck
dort bekümmert uns kein Dreck

Vladimír quatscht alles durcheinander
ich bin wie der beisitzende Salamander

Beim sechsten oder siebten Bier
beugt er sich blutleer wie ein Stier

Beim Bier Nummer acht
singt er wieder bis es kracht

Und während er so singen tut
dichte ich frechlaut mit Wagemut

Am Eingang sitzt ein Polizist
im Regencape oder was es ist

*

MITTAGS BIN ICH SCHON WIEDER BLAU
der blasse Mond glotzt mich an tut nur schlau
Um mich herum springt auch noch meine Liebste
betrank sich ähnlich wie 'ne Palme in der Wüste
Ich stelle meinen Fuß mal hierhin mal dorthin
um nicht zu wanken wie auf 'nem Baldachin
Katharina versucht den Mond zu fassen
die Seen frieren zu es schneit weiß Tassen
In den Schaufenstern brennt noch gar kein Licht
trotzdem schwillt das Staunen an wie Gicht
Im Grunde soffen wir seit dem Morgengrauen
im Winter waren wir immer schon die Schlauen

*

GESTERN BEIM SONNTAGSMARSCH
juckte mich mein Alltagsarsch

Das hatte ich Depp davon garantiert
dass ich mich vollfraß so ungeniert

MIT WELCH EINER IRREN ZUNEIGUNG
setzt mir zu – meine üble Verstopfung

In meinem Bauch steckt ein harter Klumpen
in der Harnblase flammt es mitunter

Meinem Mund entweichen giftige Gase
oder Dickflüssig-Breiiges mal als Phase

Mein Darmrohr gammelt vor sich hin
oder es wächst da was kantig kristallin

Ach mit welch einer üblen Zuneigung
setzt mir zu – meine irre Verstopfung

Übersetzung: Jan Faktor und Annette Simon

NACHWORT:
EGON BONDYS EXPLOSIVER AUFBRUCH
IN ZEITEN DER STRAFLAGER UND JUSTIZMORDE

Im deutschen Sprachraum gibt es leider keine so schrille literarische Persönlichkeit, die sich mit dem Prager Dichter Egon Bondy vergleichen ließe. Robert Walser war eine reine und stille Seele – Bondy dagegen ein manischer Rebell, ein Provokateur, ein politischer Phantast. Gleichzeitig aber auch ein ernstzunehmender Philosoph. Und Georg Trakl? Auf keinen Fall – der gehört in einen ganz anderen literarischen und menschlichen Raum. Wenn man sich in der Weltliteratur umsieht, wird es leider auch nicht viel einfacher. Bondy hat als Mensch nichts vom tapferen Postsortierer Charles Bukowski. Auch fast nichts gemein mit Antonin Artaud und sehr wenig mit dem unberechenbaren Wüterich Louis-Ferdinand Céline. Dann vielleicht mit dem akademischen »Querdichter« Ezra Pound oder dem diebischen »saint« Jean Genet? Bloß nicht! Wenn schon, dann eher mit William S. Burroughs – und das eher nur aufgrund von dessen speziellen Kenntnissen über Psychopillen. Dann gäbe es natürlich auch noch den herrlich verärgerten und gern ärgernden Edelintellektuellen Witold Gombrowicz. Für eine derartige Zuordnung ist Bondys fiktive Prosa aber nicht originell und stark genug. Würde hier dann wenigstens der Vergleich mit dem leicht entzündlichen Friedrich Nietzsche gelingen, um einen kleinen Missgriff in die Vergangenheit zu wagen? Da wäre sicher einiges dran – ich höre trotzdem lieber auf. Einerseits sind es alles ziemlich falsche Fährten, die ich hier gerade gelegt habe, andererseits habe ich bei der Wahl der Namen auf keinen Fall zu hoch gegriffen. Wir Tschechen haben lediglich den Nachteil, keine Weltsprache zu sprechen. In Wirklichkeit hatte aber das, was im Nachkriegs-Prag seinerzeit künstlerisch gezündet wurde, tatsächlich Weltniveau. Allerdings sollte man ruhig noch Folgendes festhalten: Eine Erscheinung wie Egon Bondy konnte es wahrscheinlich nur in Prag geben. In einer etwas dekadenten, teilweise immer noch durch die k.-k.-Monarchie-Nachwehen geprägten Stadt; vor allem aber während der Turboerrichtung eines neuen Systems sowjetischer Bauart – und das ausgerechnet mitten im bürgerlichen Europa.

Der vorliegende autobiografische Bericht »Die ersten zehn Jahre« umfasst die Jahre 1947 bis 1957 und legt ein – im guten Sinne – extrem außenseiterlastiges Zeugnis über die Zustände in der damaligen Tschechoslowakei ab. Authentischer, unmittelbarer, ungeschützter als es der entfesselte Exzentriker Egon Bondy – damals noch Zbyněk Fišer, geboren 1930 – festgehalten hat, lässt sich das künstlerische Aufbegehren eines Individuums kaum beschreiben. Wobei ausgerechnet Menschen wie er damals eigentlich kaum eine Chance hatten, mit heiler Haut davonzukommen – geschweige denn über diese Zeit zu berichten.

Für den jungen Zbyněk Fišer, der aus bürgerlichen Verhältnissen stammte, hatten der Surrealismus und der Bebop die erste künstlerische Erweckung gebracht. Hinzu kam dann die hoch ansteckende Begeisterung für die Weltrevolution, logischerweise bald vorrangig für den Trotzkismus. Etwas später noch für Taoismus, Buddhismus … Der wache marxistische Schwärmer Zbyněk Fišer spürte allerdings schon am Tag der kommunistischen Matchübernahme im Februar 1948, ausgerechnet beim Marschieren an der Seite der Fabrikarbeiter, dass an dem inszenierten revolutionären Neuanfang etwas faul war. Und er legte sich schon bald den Namen Egon Bondy zu, als er Anfang der 1950er Jahre eine illegale surrealistische Anthologie initiierte und mitherausgab. Aus Protest gegen den in der Sowjetunion aufgekommenen und propagandistisch angeheizten Antisemitismus hatten alle Beteiligten beschlossen, sich jüdische Namen zu geben.

Egon Bondy hat seine »Ersten zehn Jahre« zwar erst im Jahre 1981 handschriftlich und etwas hastig, also ziemlich ungefiltert, an sieben »Arbeitsnachmittagen« zu Papier gebracht; allerdings fällt die Entstehung in eine Zeit, als dies immer noch nicht ungefährlich war. Und eins scheint für den etwas legeren, alles andere als eitlen Ton des Berichts mitverantwortlich zu sein: Bondy entschloss sich zu der Niederschrift nicht aus eigenem Antrieb, er wurde dazu von seinem Umfeld regelrecht gedrängt. Da der handschriftliche Text anschließend noch sauber abgetippt, das heißt vor allem auch inhaltlich durchgesehen werden sollte, hat ihn Bondy auf Tonband gesprochen. Das Korrekturlesen und Vervielfältigen besorgte sein junger Bewunderer und späterer Herausgeber Martin Machovec. In aller Heimlichkeit wurde das nur in fünf Exemplaren existierende Typoskript dann an verschiedenen Orten aufbewahrt; von seiner Existenz wusste über lange Jahre nur eine Handvoll Freunde. Aber auch nach dem Zusammenbruch des Systems im Jahre 1989 weigerte sich Bondy beharrlich, »Die ersten zehn Jahre« zum Druck freizugeben, obwohl in den 1990er Jahren fast sein gesamtes dichterisches, prosaisches und noch nicht erschienenes philosophisches Werk publiziert worden war oder zur Publikation vorbereitet wurde.[1] Die seinerzeit ohne jegliche persönliche Rücksichten »hingeworfenen« »Ersten zehn Jahre« sollten erst fünfzig Jahre nach seinem Tod veröffentlich werden. Schließlich gab Bondy dem Drängen aus den Literaturkreisen um ihn herum aber nach. »Die ersten zehn Jahre« erschienen im Jahre 2002.

Wie Tomáš Mazal in seinem erhellenden Vorwort der tschechischen Ausgabe schreibt, gibt es im Zusammenhang mit dem Schaffen von Egon Bondy als Dichter aber doch einen eindeutigen Bezug zur Literatur von Schriftstellern von Weltrang – und diese Parallele wird in der tschechischen Literaturgeschichtsschreibung nicht infrage gestellt. Das, was den Kreis der nichtangepassten Prager Literaten und Künstler Anfang der 1950er Jahre ausmachte, trug alle Merkmale der etwas später aufgekommenen »Beat Generation« in den USA.[2] Jack Kerouac begann an seinem Roman »On The Road« zwar schon 1948 zu arbei-

1   Zur Veranschaulichung nur Folgendes: Egon Bondys dichterisches Werk erschien zuerst in den Jahren 1990–1993 (in neun Bänden im Verlag Pražská imaginace), die komplette kritische Ausgabe dann 2014, 2015, 2016 im Verlag Argo. Jeder dieser drei Bände umfasst mehr als tausend Seiten.

2   Diesen Gedanken hatte schon recht früh ein anderer Dichter aus dem Umkreis der Künstlerrebellen der frühen 1950er Jahre geäußert – Stanislav Vávra. Im Jahre 1959 sind nämlich die ersten Übersetzungen aus dem Amerikanischen in der Zeitschrift Světová literatura (Weltliteratur) erschienen – und eine sehr informative Rezension. Mit Gedichten waren in dieser »Rezension mit Beispielen« Allen Ginsberg, Lawrence Ferlinghetti und Gregory Corso vertreten. Demnach kann von der geistige Verwandtschaft mit den Beatniks und von der Vergleichbarkeit mit deren Lebensstil Anfang der 1960er Jahre genauso auch Egon Bondy gewusst und darüber reflektiert haben.

ten, publiziert wurde das Buch nach langwierigen Kämpfen mit seinem Verlag aber erst 1958. »Howl« von Allen Ginsberg kam 1956 heraus; dass es dann einen Gerichtsprozess nach sich zog, begründete teilweise Ginsbergs Ruhm. Was in Prag damals verbotenerweise – und sogar etliche Jahre früher – in der Kunst passierte, war mit der »typisch amerikanischen« Rebellion tatsächlich eng verwandt. Man war darauf aus, Regeln und Konventionen der Mehrheitsgesellschaft zu missachten, und man nahm in Kauf, dass man von dieser verstoßen, verdammt und verfolgt werden würde. Zwar brachen Desperados wie Bondy in erster Linie mit den literarischen Konventionen und Normen, sie attackierten aber ebenso direkt auch ihr politisches Umfeld; ähnlich wie ihre geistigen Brüder – die amerikanischen Beatniks. Und noch eine wichtige Gemeinsamkeit der beiden rebellischen Gruppierungen gibt es: Auf beiden Seiten des Ozeans war es nur eine Handvoll Menschen, die für eine derartige Kompromisslosigkeit mutig genug war.

Wenn man die erst später in den USA entstandene Terminologie zur Hand nimmt, kann man ohne Zögern außerdem sagen, dass Egon Bondy zur ersten Generation des tschechischen Undergrounds gehörte – zusammen mit dem damals offiziell ebenfalls nicht publizierenden Bohumil Hrabal und anderen Schriftstellern, Malern und Grafikern. Zwei von ihnen sollten hier unbedingt genannt werden – Mikuláš Medek und Vladimír Boudník (bekannt vor allem aus Hrabals Roman »Sanfte Barbaren«). Zusätzlich wagten einige aus dieser kleinen Gemeinschaft auch noch Folgendes: Sie brachten eine illegale, auf Durchschlagpapier vervielfältigte Edition[3] heraus, die Půlnoc

(Mitternacht) hieß und eine Auflage von vier bis sechs Exemplaren hatte. Insgesamt kamen an die fünfzig Hefte zustande.

Die nachfolgende, also zweite Generation des tschechischen Undergrounds entstand dann erst etwa zwanzig Jahren später – in den Jahren nach der Okkupation von 1968. In dieser Zeit, bekannt als die Ära der politischen »Normalisierung«, gab es selbstverständlich ebenfalls diverse, mitunter harte Repressalien: Berufsverbote, persönliche Drangsalierungen, körperliche Misshandlungen. Von der strafrechtliche Verfolgung durch die politisch gesteuerte Justiz und anderen zermürbenden Alltagsschikanen ganz zu schweigen. Trotzdem waren diese späteren Zeiten wesentlich milder als diejenigen, um die es in Bondys chaotischen und in diesem Buch festgehaltenen zehn (streng genommen waren es elf) Jahren geht. Nach dem kommunistischen Putsch von 1948, als die jungen Wilden wie Bondy künstlerisch erwacht waren, war es lebensgefährlich, sich derartig frei, offen und offensiv zu artikulieren. Die kommunistische Partei war dabei, ihre Macht zu festigen – sie eliminierte aus dem öffentlichen Leben die bürgerliche Intelligenz, liquidierte konsequent die Grundlagen von deren beruflicher Existenz, sie beging Justizmorde, verhaftete massenhaft politische Gegner, »säuberte« die Gesellschaft ohne jegliche Rücksicht auf wirtschaftliche Folgen … und die Straflager, vor allem die berüchtigten Lager der Uranminen, füllten sich mit Arbeitssklaven. Zu Tode gefoltert oder hingerichtet wur-

---

3 Man könnte hier ohne weiteres von »Samisdat« sprechen, obwohl diese aus der damaligen Sowjetunion stammende Bezeichnung erst später geläufig wurde.

den damals nicht nur hohe Militärs und oppositionelle Politiker, sondern auch »abtrünnige« linke Intellektuelle wie Záviš Kalandra, mit dem Egon Bondy bis zu dessen Verhaftung in engem Kontakt gestanden hatte. Und was schreibt der immer wieder manisch produzierende Bondy, während um ihn herum »sozrealistisch« und mit blumigen Metaphern der Generalissimus Stalin besungen wird?[4]

Als du kamst
las ich gerade einen Bericht über die Hochverratsprozesse
Nach einer Weile zogst du dich aus
…
Nachdem du gegangen warst
las ich noch das Ende über die Hinrichtungen

oder

SSSR
scheißt sich selbst russsammen[5]

oder:

Kackscheiß Regierung Kackscheiß Demokratie und Kack-
scheiß Freiheit … Kackfrieden und Kackscheißarbeit …
Kackscheiß im Kopf im Herzen in der Hose … Kackscheiß

---

4 Das erste Gedicht befindet sich in voller Länge im Anhang. Die zwei anderen wurden nur provisorisch für dieses Nachwort übersetzt.

5 Im Deutschen müsste der Text eigentlich »UdSSR« heißen. Das Original ist auf das absolut verblüffende Minimum reduziert: SSSR / se sesere. [»Abteil A« des Zyklus »Peinliche Poesie« (Trapná poesie) von 1950, »Básnické spisy I.«, S. 204].

Marx Kackscheiß Papst Kackrevolution / Kackscheiß euer
Glaube Kackscheiß eure fleißigen Kackhände ... Kackscheiß
Heimat und Kackscheiß Weltenaufbruch / Kackzukunft
euch erwartet nur Fortschrittskacke ... mit einer Kacke
aus einer Kacke seid ihr geboren / in einer Kacke lebt ihr bis
ihr euch fertigverkackt habt / für einen Kackscheiß arbeitet
ihr / in fetten Kackhaufen liebt ihr euch / euer Leben schleppt
sich von einem Kackscheißhaufen zum nächsten ...[6]

Zugegeben: Primitiver, fäkalschwerer, nacktpoetischer
geht es kaum. Aber nichts anderes hatte Bondy im Sinn.
Seine erste »nachsurrealistische« Gedichtsammlung nannte er programmatisch »Totaler Realismus«. Und die seiner
Poesie immanente Art »Realismus« – »Nackter Realismus«? ... »Realismus des Nackten«? – könnte man ohne
weiteres als eine Kriegserklärung an jede bemühte Poetik
der Zukunft sehen. Zu Bondys raffiniertem Primitivismus
noch ein ganz kleines Beispiel:

Gestern beim Sonntagsmarsch
juckte mich mein Alltagsarsch ...[7]

Da Bondy perfekt Deutsch sprach und in einer Zeit literarisch erwacht war, bevor die Präsenz der literarischen

6   Kurze Auszüge aus: »Reste des Epos« (Zbytky eposu) von
     1954–1955, »Básnické spisy I.«, S. 564–565]; der für die Über-
     setzung ausgewählte Abschnitt dieses Zyklus ist mit dem
     folgenden Incipit versehen: »PO TRAMVAJÍCH PO NÁROD-
     NÍM DIVADLE ...«
7   Aus dem Zyklus »Das besoffene Prag« (Ožralá Praha) [dritter
     Teil des »Großen Buchs« (Velká kniha) von 1951 / 52; »Bás-
     nické spisy I.«, S. 498]. Das Gedicht befindet sich ungkürzt
     im Anhang.

Moderne im öffentlichen Leben auf ein Minimum reduziert wurde und alles »Unpassende« aus den Bibliotheken verschwand, kannte er natürlich die bis dahin erschienene experimentelle Literatur aus Westeuropa, neben dem Surrealismus also auch den deutschen Dadaismus.[8] Er liebte die deutsche Sprache und schrieb in den 1950er Jahren (nur einige Jahre nach dem Ende des Krieges!) manche Gedichte sogar auf Deutsch. Und Martin Machovec benennt und erläutert in einem seiner vielen Essays und Aufsätze über Bondy einen ganz wichtigen Einfluss auf dessen Schaffen: Bondy war als junger Mann über alle Maßen von der Nonsens-Poesie Christian Morgensterns begeistert, und er entschloss sich – ohne eine reale Chance, etwas davon publizieren zu können –, die »Galgenlieder« ins Tschechische zu übersetzen. Und obwohl Bondy nicht der Allererste war, der sich im Tschechischen an Morgenstern heranwagte, war seine Arbeit seinerzeit eine Pionierleistung. Und die Übersetzungen sind zum Glück erhalten. Eine Auswahl war 1951 sogar – in einer Auflage von vier Stück – in der schon erwähnten Edition Půlnoc herausgekommen. Insgesamt hat Bondy etwa achtzig Gedichte von Morgenstern übersetzt, wobei er mit dem Ergebnis später nicht wirklich zufrieden war. Die eigentlichen, später offiziell publizierten und auf Dauer kanonisierten Morgenstern-Übersetzungen stammen von dem wichtigsten tschechischen Experimentaldichter der Nachkriegszeit Josef Hiršal.

Wer die frühen Texte von Bohumil Hrabal kennt, wird sich sicher an die dort herumgeisternde, eher fiktiv wir-

---

8 Eine Kenntnis der russischen Avantgarde sollte man hier auch voraussetzen, da Bondy damals gut Russisch konnte.

kende Figur Egon Bondy erinnern. Egon Bondy wird von Hrabal – auch in dem schon erwähnten Roman »Sanfte Barbaren« – absolut treffend und mit einem leicht ironischen Blick porträtiert. Bondy fand diese mit ihm natürlich nicht abgestimmten Auftritte zwar nicht übermäßig witzig, fühlte sich durch die wiederholte Präsenz in Hrabals Prosa allerdings auch geehrt. Hrabal studierte bereits in den 1930er Jahren, wurde nach dem Krieg Doktor der Jurisprudenz. Egon Bondy schaffte es, durch ein kleines Wunder irgendwann das Abitur nachzuholen und in den 1960er Jahren sogar noch ein Philosophiestudium abzuschließen. Ende der 1960er Jahre wurden sogar zwei philosophische Schriften von ihm offiziell publiziert, außerdem noch eine Monografie über Buddha. Das waren aber schon ganz andere Zeiten. Die zehn/elf Jahre, also die Jahre 1947 bis 1957, hat Bondy einfach »stolz durchgammelt«, wie er selbst in seinem Bericht zugibt, es also trotz allgemeiner Arbeitspflicht geschafft, überhaupt nicht zu arbeiten, keine Ausbildung abzuschließen; es aber auch fertiggebracht, nicht als Wiederholungstäter und Krimineller für lange Jahre im Gefängnis zu landen. Im Grunde ist es so etwas wie das nächste kleine Wunder in seinem Leben. Bondy hat in dieser Zeit oft gebettelt, geklaut, auf eine todesmüde Art Schmuggel betrieben, vom Geld seiner Freunde gelebt, in Kneipen andere bezahlen lassen. Er hat sich viele Freiheiten ganz einfach bedenkenlos genommen – tatsächlich genauso wie die amerikanischen Beatniks.

Dass in diesem Nachwort kein »Bondy-naher« russischer Dichter genannt wird, ist kein Zufall. In welcher Zeit hätten sich dieser Dichter auch entfalten haben können? Zwar kam es unmittelbar nach der Revolution von 1917 zum erstaunlichen Aufbruch der künstlerischen Avantgarde, von der Atmosphäre der Angst blieben aber auch die linksintellektuellen Künstler nicht unberührt. Und der nachrevolutionäre politische Terror setzte sich – bis 1924 noch unter Lenin, dann unter Stalin – über Jahrzehnte unaufhaltsam fort. Und nach und nach verschwanden auch die egal wie nichtbürgerlichen, »fortschrittlichen« Dichter, Schriftsteller und Theatermacher in Gefängnissen und Lagern oder brachten sich wie Jesenin oder Majakowski selbst um (um nur zwei der Prominentesten zu nennen). Und nach dem Zweiten Weltkrieg, also in den Zeiten von Bondys Aufbegehren, öffneten sich in der Sowjetunion vorsichtig gewisse Freiheitsräume erst viel zu spät in den 1960er Jahren. Dabei enthüllte Nikita Chruschtschow die Verbrechen Stalins bereits 1956, drei Jahre nach dessen Tod.

Bondy war sich seiner Größe als Dichter selbstverständlich bewusst, und öffentliche Anerkennung hätte ihm natürlich auch einiges bedeutet. Er hat sich in diesem Punkt aber nicht beirren lassen, nicht mal in seinen depressiven Phasen, als er sich »wie ein Stück Scheiße« fühlte und allen Ehrgeiz als vergeblich, sinnlos und grotesk ansah. Mit dem Thema Sinnlosigkeit allen Tuns beschäftigte er sich ausführlich auch als Philosoph.

Die Lebensgeschichte von Egon Bondy ist auch eine Geschichte seiner Aufenthalte in der Psychiatrie – und eine Geschichte von überbordendem Alkoholkonsum. Das erste Mal wurde er von seinem Vater, einem pensionierten hohen Offizier, in eine psychiatrische Klinik gebracht – vor allem zu seinem eigenen Schutz. Da war der gefährdete Sohn Zbyněk erst neunzehn Jahre alt. Und die Psychiatrie sollte Zbyněk Fišer auch später immer wieder Schutz bieten. Die Nachkriegsjugend trank damals noch vorwiegend billigen Obstwein, später das schwache Nachkriegsbier – davon konnte man angeblich noch die legendären »vollen Bassins« in sich hineingießen. Und wie jeder – jedenfalls in Tschechien – auch noch weiß, enthält das Bier unter anderem das mit dem THC verwandte Halluzinogen Lupulin.

Gestern
war ich nüchtern.[9]

So Bondy in einem Kurzgedicht aus dem Jahre 1950. Egon Bondy war aber trotz seiner langjährigen Bierkonsumexzesse offenbar (jedenfalls in seiner zweiten Lebenshälfte) eine Art kontrollierter Alkoholiker, was er eindeutig auch seiner um zehn Jahre älteren, aufopferungsbereiten und körperlich leider noch schwerer als er angeschlagenen Lebensgefährtin Julie zu verdanken hatte. In späteren Jahren sorgte sich Bondy sogar in Eigenverantwortung um seine Gesundheit, trank angeblich nicht mehr – jedenfalls durfte/sollte er nicht trinken. Er wurde siebenundsiebzig Jahre alt, und er starb viel zu früh an Verbrennungen, die er sich – ähnlich wie Ingeborg Bachmann – nachts beim Rauchen im Bett zugezogen hatte. Die Geschichte von Egon Bondy ist zu guter Letzt allerdings auch eine bedrückende Geschichte von Verrat.

Die Prager (literarische) Öffentlichkeit ist – was Bondys Zusammenarbeit mit der Geheimpolizei StB betrifft – schwer gespalten. Obwohl ich persönlich alles Relevante nach und nach gelesen habe und auch einige Vergleiche

---

9   »Teil A« des Zyklus »Peinliche Poesie« (Trapná poesie), »Básnické spisy I.«, S. 197.

zu etlichen, egal wie anders gelagerten ostdeutschen Verratsgeschichten ziehen kann, hat es doch etwas gedauert, bis ich Bondys Doppelleben einigermaßen klar einordnen konnte. Ivan Jirous, der führende Aktivist und Theoretiker des tschechischen nach-1968er Undergrounds, schreibt 1979 in seinem Aufsatz »Ich habe eine Zitterpappel für Sie gepflanzt, Herr Doktor!«: »Ich will ihn [Bondy] nicht verteidigen, weil er so etwas gar nicht braucht, und ich will mich auch nicht damit brüsten, dass ich ihm vergeben habe.« Und: »Bondy lebt in diesem politischen Sumpf schon fünfzehn Jahre länger, und er hat die 1950er Jahre voll abbekommen. … Und das ist, als wäre er fünfhundert Jahre älter.«[10] Dazu muss man unbedingt noch wissen, in welchem Zusammenhang der erwähnte Aufsatz geschrieben worden ist. Jirous galt 1976, als ein großer Prozess gegen die Mitglieder der Rockband The Plastic People of the Universe und ihr Umfeld vorbereitet wurde, für die Strafverfolger als der Hauptschuldige. Er war nun mal nachweislich der künstlerische Leiter der Band. Als er im Untersuchungsgefängnis von seinem Anwalt die Zeugenaussagen von Zbyněk Fišer und anderen vorgelegt bekommen hatte, war er – was Fišer / Bondy betraf – vollkommen entsetzt, regelrecht schockiert. Was Bondy zu Protokoll gab, war unerhört; es waren einfach völlig unnötige und außerdem gefährlich detaillierte Denunziationen. Und Jirous wollte mit Bondy nie wieder etwas zu tun haben, ihm nach der Entlassung nur noch einen vernichtenden

10 Der erwähnte Aufsatz wurde u. a. im Band »Magors Notizbuch« (Magorův zápisník) abgedruckt (Torst, Praha 1997). Die beiden für dieses Nachwort übersetzten Stellen befinden sich auf S. 424.

letzten Brief schreiben. Als er später nach dem Absitzen seiner Strafe – es war schon seine zweite von insgesamt fünf – Egon Bondy zum ersten Mal wiedersah, umarmte er ihn ohne Zögern. Der ganze Groll war wie vergessen. Und dies lässt sich sicherlich nicht nur damit begründen, dass Jirous ein tief religiöser Mensch war.

In diesem Nachwort auch noch die legendäre Geschichte der Band The Plastic People of the Universe plastisch zu schildern, würde den Text leider sprengen. Trotzdem darf hier einiges nicht unerwähnt bleiben. Nach der ersten, noch in der Legalität verbrachten Schaffensphase der Band, als – wie damals üblich – vorwiegend Englisch gesungen wurde, kam es zu einem entscheidenden Ereignis. Die provokative Experimentalband des Fluxus-Pioniers und Happening-Aktivisten Milan Knížák Aktual sang grundsätzlich auf Tschechisch – und war authentischer und in diesem Punkt noch radikaler als The Plastic People mit ihren vor allem übernommenen Songs von zum Beispiel The Velvet Underground (John Cale, Lou Reed), The Fugs (Ed Sanders, Tuli Kupferberg) oder The Mothers of Invention (Frank Zappa). Die Protagonisten der Band griffen hier einfach – die entsprechenden LPs gelangten vereinzelt natürlich auch nach Prag – intuitiv und dankbar auf alles zurück, was Ende der 1960er Jahre der unversöhnliche, establishmentfeindliche amerikanische Underground zu bieten hatte; musikalisch jedenfalls. Und dank des nachträglichen aufklärerischen Wirkens von Ivan Jirous, der selbst kein Musiker war, wussten auch die notgedrungen proletarisch sozialisierten Plastic People irgendwann Bescheid und kannten dann auch die maßgeblichen Namen und Fakten. Der Kunsthistoriker Jirous und seine damalige

Frau Věra hielten für den Umkreis von The Plastic People außerdem Vorträge über bildende Kunst (im Zentrum natürlich: Andy Warhol und die Popart), organisierten Landart-Aktionen oder veranstalteten Bildungsausflüge. Die Musiker erfuhren nach und nach zum Beispiel auch einiges über den Politchaoten Abbie Hoffman, der Ende der 1960er Jahre den »totalen Sturm auf die Kultur« verkündete, über den Briten Jeff Nuttall und den Drogenpapst Timothy Leary. Außerdem wurde Ivan Martin Jirous, der allerdings mit Vorliebe »Magor« (Depp) genannt wurde, zum eindrucksvollen Chronisten dieser Zeit, schrieb eine Vielzahl von Essays – und hielt bis ins letzte Detail die ganze Geschichte des gesamten zweiten tschechischen Undergrounds fest. Ein recht früher, prägender und illegal eifrig verbreiteter Essay heißt »Der Bericht über die dritte tschechische musikalische Wiedergeburt«, geschrieben 1975.[11] Seinen gesammelten theoretischen Schriften verdanke auch ich einen großen Teil meines hier zum Thema Underground präsentierten Wissens.

Nach einem gemeinsamen Auftritt der beiden Bands – also Aktual und The Plastic People of the Universe – brauchten die Plastic People unbedingt originäre tschechische Texte. Und so lag der Zugriff in die Wunderkiste mit den völlig unbekannten und aus vielen Gründen nicht publizierbaren Gedichten von Egon Bondy auf der Hand. Auf diese Weise verknüpfte und verband sich wie selbstverständlich der sich neu bildende Underground mit den künstlerischen Widerstandskreisen aus den 1950er Jahren. Ivan Jirous und der Doktor der Philosophie Zbyněk Fišer hatten sich bereits bei einem gemeinsamen Aufenthalt in

---

11 Enthalten ebenfalls im Band »Magors Notizbuch« (S. 171–198).

der Psychiatrie im Jahre 1969 oder 1970 kennengelernt; sie verstanden sich ausgezeichnet und mochten sich vom ersten Augenblick an. Wobei Jirous zu dem Zeitpunkt noch nicht wusste, dass er es bei dieser Begegnung ausgerechnet mit dem in Prag berüchtigten, geheimnisvollen Dichter Egon Bondy zu tun hatte. Die Musik zu Bondys Texten schrieb schließlich der Sänger und Bassist der Band Milan Hlavsa.

Mit welch einer irren Zuneigung
setzt mir zu – meine üble Verstopfung
In meinem Bauch steckt ein harter Klumpen
in der Harnblase flammt es mitunter
Meinem Mund entweichen giftige Gase
oder Dickflüssig-Breiiges mal als Phase
Mein Darmrohr gammelt vor sich hin
oder es wächst da was kantig kristallin
Ach mit welch einer üblen Zuneigung
setzt mir zu – meine irre Verstopfung[12]

Die ungewohnte Knappheit mancher Gedichte von Bondy und ihre emotionale Härte, ihre teilweise provokative Trivialität, die Unverschämtheit der Reimerei – aber auch ihr Humor – waren für die Plastic People wie geschaffen,

12 Der von den Plastic People als »Verstopfung« betitelte Text aus dem Zyklus »Das besoffene Prag« (Ožralá Praha) [dritter Teil des »Großen Buchs« (Velká kniha) von 1951 / 1952; »Básnické spisy I.«, S. 499] befindet sich auch im Anhang. Das Original: *Ach jak mě souží a trýzní / zácpa svou hroznou přízní / V břiše nosím tvrdej kámen / v měchýři mne pálí plamen / Plyny vycházej mi ústy / někdy taky roztok hustý / Střeva hnijí mi mám dojem / nebo se spekou tím hnojem / Ach jak mě souží a trýzní / zácpa svou hroznou přízní*

wirkten regelrecht maßgeschneidert; dabei hatten manche der Texte bis zu zwanzig Jahren in irgendwelchen Schubladen gelegen. Die Zeiten, in denen der tschechische Rock 'n' Roll auf Englisch sang, waren hiermit endgültig vorbei.[13]

Die weiter oben erwähnte Strafverfolgung der Plastic People und von deren Umfeld scheiterte größtenteils dank der Publizität, die dieses politisch motivierte Verfahren im Westen hervorgerufen hatte. Dies war in erster Linie das Verdienst von Intellektuellen um Václav Havel[14], die sich Zugang zu den Verhandlungen verschafft hatten, sie protokollierten und alle wichtigen Informationen dann in Umlauf brachten. Die Verfolgung scheiterte aber auch an der fehlenden Substanz der Anschuldigungen. Die Anklage warf der Band im Kern vor, aufgrund der Verwendung vulgärer Ausdrücke (die allerschlimmsten und durch »empörte« Zeugen belegten waren »Arsch« und »Scheiße«) wiederholt öffentliches Ärgernis, also Ausschreitungen verursacht zu haben. Und dies war dem Gesetz nach nun mal strafbar. Die meisten bis auf Jirous, den Saxofonisten Vratislav Brabenec und zwei andere Musiker (den Liedermacher Svatopluk Karásek und Pavel Zajíček von der Band DG307) wurden aus der Untersuchungshaft schließlich entlassen. Am Ende gab es somit nur drei relativ moderate Verurteilungen

---

13 Die aus dieser Periode stammenden Songs wurden 1974 / 1975 illegal aufgenommen und lange Zeit nur auf Tonbändern / Kassetten verbreitet. 1978 kam schließlich in Frankreich und England das erste und lange Zeit einzige Album der Band heraus – die LP »Egon Bondy's Happy Hearts Club Banned«.

14 Der so entstandene Zusammenschluss dieser Oppositionellen führte dann unmittelbar zur Gründung der Charta 77 im Januar des nächsten Jahres.

ohne Bewährung für die drei gerade Genannten. Jirous bekam als Organisator, Anführer und ein »auf illegale Weise
Gewerbetreibender« anderthalb Jahre, natürlich ebenfalls
ohne Bewährung. Diese Zäsur – Gefängnisaufenthalte,
Verhöre, diverse Schikanen – hatte aber natürlich trotzdem
ernsthafte Folgen. Die Repressionen nahmen bald auch
wieder zu, viele Protagonisten des Undergrounds wurden
schließlich zur Emigration gezwungen. Jirous musste nach
einer kurzen Erholungspause eine weitere Strafe antreten
(er verbrachte insgesamt achteinhalb Jahre in unterschiedlichen Gefängnissen, als ein »Wiederholungstäter« dann
unter schwersten Bedingungen).

Den nächsten und übernächsten Einbruch in das Leben
von Egon Bondy brachten das Ende des alten Regimes
und dann die 1992 illegal erfolgte Veröffentlichung der
kompletten Listen[15] der von der Staatsicherheit geführten
»geheimen Mitarbeiter«[16] – samt ihrer Geburtsdaten und
Decknamen. Wobei Bondys geheimpolizeiliche Verstri-
ckung in den Kreisen der politischen Opposition und auch
des Undergrounds schon lange kein Geheimnis mehr war.
Egon Bondy wurde – wohlgemerkt in einem Zeitraum
von fast dreißig Jahren – insgesamt drei Mal zur Mitarbeit
angeworben und verpflichtet. Angesichts der bedrohlichen
Situation, in der er sich von Anfang an befand, war das
allerdings kein Wunder. Und die Angst war selbstverständ-

---

15 Bekannt als »Cibulkas Listen«. Diese waren voller strittiger
    und falscher Eintragungen und führten zu unzähligen Pro-
    zessen. Überprüfte Versionen der Listen erschienen auf der
    Grundlage eines Gesetzes erst 2002.
16 Die wichtigsten unter ihnen waren die sogenannten »Agen-
    ten«, die in der Terminologie der DDR-Staatssicherheit der
    Bezeichnung »Inoffizieller Mitarbeiter« entsprächen.

lich auch in der ersten Phase von Bondys Zusammenarbeit in den 1960er Jahren (1961–1968, Deckname »Klíma«) entscheidend, obwohl hier die Verpflichtung mitunter eine ideologische, marxismuslastige Komponente hatte. Der Bondy »verführende« führende Offizier und Kommilitone beim Philosophiestudium Kořínek agierte offenbar sehr geschickt und freundschaftlich, wobei Bondy natürlich klar war, dass die Geheimdienstler auch »ganz anders« konnten. Und der über dreißigjährige Student Bondy wollte auch noch unbedingt zu Ende studieren. Diese Phase endete für Bondy mit einem Zusammenbruch, einem erneuten Aufenthalt in der Psychiatrie. Schließlich wurde ihm zum Glück eine Art »kopfbedingte« Invalidenrente zugesprochen; er litt im Grunde sein Leben lang an einer manisch-depressiven Störung. Bondys erschreckend dienstfertige und schwer destruktive Kooperation mit dem Geheimdienst während der Zeit nach der 68er-Invasion (1974–1977, Deckname »Mao«)[17] lässt sich dann letztendlich nur mit seiner panischen Angst vor den Methoden der Geheimpolizei, seiner Angst vor einer Haftstrafe und vor den in den Gefängnissen herrschenden Zuständen erklären. Außerdem haben ihm auch seine vielen gesundheitlichen Probleme, seine Schlaflosigkeit zum Beispiel, Angst bereitet. Als Agent erfüllte Bondy, besser gesagt Zbyněk Fišer, in dieser Zeit auch brisante Aufträge und geheimdienstliche Missionen, die für die »Zielpersonen« aus den Kreisen der Opposition und deren illegale Aktivitäten harte Konsequenzen hatten. Und Bondy lieferte Informationen besonders eifrig über diejenigen Personen, die er persön-

17 Nach den neuesten Archivfunden gab es angeblich noch ein kurzes Verpflichtungsintermezzo im Jahre 1973.

lich nicht mochte oder mit denen er politisch-ideologisch über Kreuz lag. Trotzdem betrachten viele wichtige Kenner der Akten und der Arbeitsweise des Geheimdienstes – wie der führende Akteur der Totalitarismusaufarbeitung František Stárek[18] – Bondys Verrat überraschenderweise recht unaufgeregt und mit Verständnis. Das hat vor allem mit der Einsicht in die Notlage des Menschen Zbyněk Fišer zu tun; teilweise aber auch (nicht so bei Stárek) mit der Wertschätzung des Dichters Egon Bondy – des von Mr. Hyde vorsichtshalber separat zu betrachtenden Dr. Jekyll der tschechischen Literatur. Und aus den Akten des Geheimdienstes wurde auch noch – vor allem im Zusammenhang mit dem juristischen Feldzug gegen die Plastic People – klar, wie viel an echter Sympathie Bondy für die jungen Rebellen und die lebendigen Undergroundkreise seinerzeit entwickelt hatte. Es ist ausreichend gut belegt, dass die Geheimdienstler Bondy deswegen zunehmend als unzuverlässig, was seine Kooperationsbereitschaft betrifft als schwankend und daher nicht wirklich brauchbar einstuften. Seinen Offizieren fiel natürlich auch noch auf, dass

18 F. Stárek (bekannt auch unter dem alles andere als beleidigenden Spitznamen »Čuňas« – Drecksferkel) gehörte während der langen Jahre der politischen Repressionen zu den führenden jüngeren Akteuren des Undergrounds, war u. a. Herausgeber der illegal gedruckten und über die ganze Republik konspirativ distribuierten Zeitschrift Vokno – und wurde wiederholt verfolgt und zu Gefängnisstrafen ohne Bewährung verurteilt. Außerdem war er Initiator und treibende Kraft mehrerer Landkommunen, in denen meist jüngere Aussteiger versuchten, weit ab der Städte alternativ zu leben. Nach 1989 wurde er Mitarbeiter des neu gegründeten Geheimdienstes und half dort, alte kommunistische Strukturen zu zerschlagen. Seit 2008 arbeitet er im Institut für das Studium totalitärer Systeme.

ihr Agent sie immer wieder belog.[19] Und man beendete die Zusammenarbeit mit ihm schließlich im Jahre 1977. In der dritten Phase (1985–1989, Deckname »Oskar«) wurde Bondy schließlich nicht mehr als »Agent«, sondern nur noch als ein »Vertrauensmann« geführt.

In diese Richtung weisen auch die Einschätzungen des Schriftstellers Petr Placák.[20] Bondy war seiner Meinung nach – und das vorliegende Buch illustriert dies ganz plastisch – grundsätzlich das Gegenteil eines regimetreuen Bürgers. In einem sehr persönlichen und wohltuend schlüssigen Essay[21] meint Placák außerdem noch, dass Bondy dank seines enormen Einflusses dem Regime hundert Mal mehr schadete, als Zbyněk Fišer für dieses Regime überhaupt tun konnte. Und er erinnert daran, dass Bondy das kommunistische System schon Ende der 1940er Jahre als faschistisch bezeichnet hatte. Außerdem zitiert er einige seiner Gedichte – in einer längeren Fassung des erwähnten Essays zum Beispiel das folgende aus dem Jahre 1974:[22]

19 Zu guter Letzt dekonspirierte sich Bondy in den unter Beobachtung stehenden Kreisen immer wieder vorsorglich selbst. Von unterschiedlichen Zeitzeugen wurden solche und ähnliche Äußerungen von ihm überliefert: »Erzählen Sie mir bitte nichts Geheimes, ich würde ihnen doch alles wieder nur ausplaudern«.

20 Petr Placák war u. a. der Begründer der radikalen oppositionellen Bewegung »Tschechische Kinder«, die sich vehement, auch mit streng geahndeten Aktionen, für eine grundsätzliche moralische Erneuerung des Landes einsetzte und die dafür eintrat, zu diesem Zweck das tschechische Königreich wieder zu errichten.

21 »Auch die Sonne hat ihre Flecke« (I slunce má své skvrny), publiziert in Paměť a dějiny 2015 / 04.

22 Aus »Ein Fangloch umkreisend« (Okolo močidla chodě). Básnické spisy II., S. 319.

Ich nahm das Porträt unseres Herrn Präsidenten / und das Porträt des Genossen Generalsekretärs / knetete beides mit ordentlich viel Katzenscheiße zusammen / schmiss würzige Fotzenhärchen einer erhängten Alten drauf / und buk mir unter Verwendung weiterer Ingredienzien / eine sättigende Mahlzeit / Am Ende kotzte ich alles frei heraus in die Toilette

Exemplarisch findet Placák auch ein Gedicht aus dem Jahre 1951:[23]

Alles, was faschistisch ist / ist mir sympathisch / das ist mein klarer Weg zum Kübel / nix gelöst, nicht erlöst – auch nicht übel[24]

Placák sagt dazu: »Bondy schreibt Verse wie einer, der sich von der Vorstellung einer Plattform befreit hat, auf der er mit dem herrschenden Regime hätte zusammenfinden können. … Es sind keine Provokationen, das ist nichts anderes als ein ontologisch begründetes Anderssein. Bondy-Autor schlägt in seinen Texten den Diskurs kaputt, den das Regime der Mehrheitsgesellschaft aufgezwungen hatte.«[25] Ganz charakteristisch für Bondy ist laut Placák vor allem dessen absolute Offenheit, Gnaden- und Schonungslosigkeit sich selbst gegenüber, die in erster Linie in seiner Poesie zum Ausdruck kommen.

---

23 Aus [der Titel ist auch im Original auf Deutsch] »Für Bondy's unbekannte Geliebte«. »Básnické spisy I.«, S. 303.
24 Diese beiden Gedichte wurden hier nur vorläufig für dieses Nachwort übertragen.
25 Zitiert ebenfalls aus »Auch die Sonne hat ihre Flecke«.

Falls jemandem einige Schilderungen von Egon Bondy aus dem vorliegenden Buch zu unwahrscheinlich vorkommen sollten: Der beste Kenner seiner Biografie und Herausgeber seiner Schriften Martin Machovec – nebenbei auch der »Hauptdrängler«, der Bondy zu der Niederschrift des jetzt auf Deutsch vorliegenden Berichts einst bewogen hatte – hat alle im Buch erzählten Geschichten minuziös nachrecherchiert. Und er schlussfolgert, dass bis auf einige Übertreibungen alle im Buch enthaltenen Fakten der Wahrheit entsprechen. Nicht verifiziert werden konnte lediglich, ob Bondy dem französischen, in Wien operierenden Geheimdienst tatsächlich angeboten hatte, mit Hilfe von infizierten Flöhen (ausgesetzt durch Bondys »russisches Agentennetz« bei einer Parade auf dem Roten Platz) die oberste sowjetische Führungsriege – also Stalin, Woroschilow, Berija, Molotow und andere – zu infizieren und auf diese Weise massiv auszudünnen. Diese Phantasmagorie, die er den Franzosen im Namen des Weltfriedens zu verkaufen suchte, ist ihm allerdings, da er sich gerade in Wien in einer völlig ausweglosen Lage befand, ohne weiteres zuzutrauen. Und Bondy lebte dort tatsächlich eine ganze Weile ausschließlich von den Vorschusszahlungen der französischen Stellen.

Für die heutige Rezeption ist aber sowieso etwas anderes viel wichtiger als die absolute Sicherheit in Sachen Faktentreue: Bondy behandelt in diesem Buch ausschließlich seine geheimdienstlich vollkommen unbefleckten Jahre, also Jahre, in denen er nichts zu verbergen hatte. Ein Glück auch für dieses im engen Austausch mit einigen tschechischen Bondy-Exegeten verfasste Nachwort. Vielleicht dürfte an dieser Stelle auch der vollkommen ehrliche, offenherzige, offenbar leider an nicht zu vernachlässigendem Verfolgungswahn leidende Jean-Jacques Rousseau erwähnt werden? Auf alle Fälle wurde der Einbruch des Kommunismus in die Welt der bürgerlichen Boheme nirgendwo so nackt, unbeleckt und rücksichtslos beschrieben wie in diesem einmaligen Buch von Egon Bondy.

Und noch eine Notiz für diejenigen, die dieses Nachwort aus Interesse an Fakten zuerst lesen sollten: »Die ersten zehn Jahre« beschreiben unter anderem Bondys schicksalhafte Beziehung zu einer Frau, die ihn, aber nicht nur ihn, wiederholt zum Äußersten trieb. Jana (Honza) Krejcarová war die Tochter von Milena Jesenská.[26] Sie war pathologisch maßlos, im kosmischen Sinne asozial, nymphomanisch, kriminell und absolut originell – und angeblich unwiderstehlich. Und wer mit ihr nähere Freundschaft geschlossen hatte, kam von ihr nur unter Qualen und vollkommen blank wieder los.

Für die ganz junge, sozusagen übernächste Generation des tschechischen literarischen Undergrounds der 1980er Jahre – ich nenne hier exemplarisch Jáchym Topol und Petr Placák – war Egon Bondy in seiner Radikalität ein prägendes Vorbild. Obwohl ihn gleichzeitig eine etwas monströse, sogar leicht obsolet-groteske Aura umgab; allerdings keinesfalls eine zynische. Man wollte, genauso oder ähnlich wie Bondy, nicht nur literarisch keine besonderen Rücksichten mehr nehmen – weder formal noch inhaltlich noch persönlich. Schamlosigkeiten und Vulgarismen aller Schattierungen, authentische mündliche

---

26 Bekannte Journalistin und Übersetzerin, bekannt vor allem aber als Brieffreundin von Franz Kafka. Sie starb 1944 im Konzentrationslager Ravensbrück.

Ausdrucksweise, peinliche Selbstbesudelung – alles sollte erlaubt sein. Auch in politischen Dingen war schrankenlose Offenheit angesagt, und die deshalb zu erwartende Verfolgung seitens der Staatsmacht nahm man in Kauf. Allerdings war es ausgerechnet an diesem Punkt zu einem unerwartet reinigenden Bruch gekommen, den man eindeutig als den Beitrag der neuen Generation bezeichnen könnte. Angesichts der täglich präsentierten, bodenlosen Lügen des sowjetrusslandhörigen Regimes erwuchs bei den jungen oppositionellen Literaten eine neue strenge Moralität, also eine fast jungfräuliche Sehnsucht nach Reinheit.[27] Das Regime reagierte auf den mutig wuchernden »Wildwuchs« dementsprechend aggressiv. Die Geheimdienstler konnten es einfach nicht fassen, dass es junge Menschen gab, die es trotz der zu erwartenden harten Konsequenzen wagten, sich der bestehenden Gemeinschaft des Widerstands aus freien Stücken anzuschließen. Zumal junge Oppositionelle physisch viel brutaler »angefasst« wurden als die älteren, sozusagen »langgedienten« Feinde des Staates. Gerade hier muss Bondy offenbar etwas entdeckt haben, was ihn an seine eigenen Anfänge in den 1950er Jahren erinnerte. Und siehe da: Bondy muss an diesem Punkt als »Agent« oder »Vertrauensmann« – wie bereits angedeutet – eine mutige Entscheidung getroffen und es vermieden haben, den neuen literarischen, teilweise auch musikalischen Untergrund zu denunzieren. Über die »Moralität« von Bondy machte man sich in den

27 Hier paraphrasiere ich einige Thesen aus mehreren aktuellen, an mich adressierten Mails von Jáchym Topol. Und greife außerdem auf einige Gedanken zurück, die Jáchym Topol im März 2011 bei unserem gemeinsamen Podiumsgespräch im Berliner Tschechischen Zentrum geäußert hat.

Undergroundkreisen zwar schon lange keine Illusionen mehr – ob dies bei derart vereinfachter Betrachtung nun gerecht war oder nicht. Bondy beteiligte sich als Autor beispielsweise an der schon erwähnten, konspirativ gedruckten Zeitschrift Vokno – und hielt hier, wie man inzwischen nachprüfen konnte, bei seiner Berichterstattung auch vollkommen dicht.

Der »unabhängige« Egozentriker Bondy, der nun mal alles seinem Schreiben untergeordnet hatte,[28] war alles andere als irre … Oder ganz anders gesagt: Niemand konnte sich beim Schreiben so frei fühlen – meint Petr Placák – wie der ethisch unverwundbare, monströse Antiheld und »Verlierer« Egon Bondy. Und vielleicht ist er trotz seines Doppellebens, meine ich, wunderlicherweise einer der wenigen, dem die Literaturgeschichte einen würdigen Platz als einen großen Dichter offen halten wird. Das Beispiel Sascha Anderson aus der jüngeren deutschen Vergangenheit muss man dagegen auf eine ganz andere Qualitätsstufe beziehungsweise Stufe der Verderbtheit stellen. Andersons Verschlagenheit und Verlogenheit waren auch in seinem Ostberliner Alltagsleben notorisch. Anerkennend, respektvoll, begeisterungsbereit und ohne jegliche Vorab-Überheblichkeit[29] wie Bondy war Anderson nie. Und Anderson hält sich bis heute für jede Gelegenheit eine andere passende Nebelkerze bereit, schützt sich bei konkreten Fragen durch gekonnt-wirres,

---

28 »… das ist der Grund meiner Amoralität« (… to je grunt mé amorality) – Zitat aus »Die Namenlose« (Bezejmenná), 1986.

29 Bondys Respekt vor jedem noch so »unbedeutenden« anderen Menschen – auch den ganz jungen – bezeugt z. B. Petr Placák in seinem Buch »Škola od svatého Norberta« (Torst 2021, S. 280–281).

wirr-gekonntes Pseudophilosophieren und belügt dabei zugleich offensichtlich auch sich selbst. Zugegeben: Bondy konnte gelegentlich auch viel wirres, marxistisch radikalinskihaftes und antikapitalistisch windschiefes Zeug erzählen. Und so gab es natürlich nicht nur berufliche Gründe dafür, warum Bondy 1993 nach Bratislava, in die Hauptstadt der unabhängig gewordenen und politisch wesentlich anders tickenden Slowakei, »emigrierte«. Er war dem Ruf der Universität in Bratislava gefolgt, dort Vorlesungen über Marxismus zu halten – und entzog sich damit allen, in Tschechien zum Teil heftig geführten Debatten beziehungsweise peinlichen Befragungen über seine Vergangenheit. Beerdigt wurde Bondy zum Glück aber in Prag, von wo es angeblich – wie Bohumil Hrabal ihm beim Abschied im Jahre 1995 gesagt haben soll[30] – den »kürzesten Weg in den Himmel gibt«.

Jan Faktor, September 2022

---

30 Zitiert aus Tomáš Mazals Text »Tod auf Kredit« (Smrt na úvěr), Mladý svět 11 / 1995. Bei diesem Verweis verlasse ich mich hier allerdings auf die Angaben, die Mariusz Szczygieł in seiner Reportage über Egon Bondy angibt (in »Das Bett in Flammen« [Vzňala se postel] aus dem Band »Udělej si ráj«, Dokořán / Máj 2011).

oben:
Bondy mit Bier
im Café Nuselská, 1952

rechts:
Honza Krejcarová (Černá)
und Egon Bondy
im Oktober 1949

Egon Bondy
im Juli 1952

unten: Bondys Widmung des Bildes auf der linken Seite:
Der Dichter Zbyněk Fichère (französische Schreibweise des Namens Fišer)
Im Alter von neunzehn Jahren im Oktober 1949, Für Ivo Freiheit
(worin zwei Freunde Bondys zusammengefasst sind: IVO Vodseďálek
und Pavel SVOBODA = Freiheit)
links davon, gestürzt: *1949 (mit Honza Krejcarová)*

BIOGRAFIEN

Egon Bondy (1930–2007) wurde in Prag als Sohn eines hohen Offiziers unter dem Namen Zbyněk Fišer geboren, sein Pseudonym wählte er aus Protest gegen den stalinistischen Antisemitismus. In den 1950er Jahren lebte der unangepasste marxistische Denker oft am Rande der Legalität. Bondy war anfangs noch stark vom Surrealismus geprägt, seine radikal andere Art zu dichten nannte er »Totalen Realismus«. Sein Weggefährte und Trinkkumpan war kein Geringerer als Bohumil Hrabal. Nach der Niederschlagung des Prager Frühlings war es Bondy nicht mehr möglich, zu veröffentlichen. Die Undergroundband »The Plastic People of the Universe« verschaffte ihm Öffentlichkeit, indem sie viele seiner Gedichte zu legendären Songs machte. Bondys Werk kursierte jahrelang nur im Samisdat. Es umfasst Gedichte, Romane und philosophische Schriften sowie die tschechische Übersetzung der »Galgenlieder« Christian Morgensterns.

Eva Profousová, 1963 in Prag geboren, flüchtete 1983 nach Westdeutschland, wo sie in Hamburg Slawistik und Osteuropäische Geschichte studierte. Sie übersetzte aus dem Tschechischen u. a. Jáchym Topol, Jaroslav Rudiš, Michal Viewegh und Radka Denemarková. Dafür wurde sie zuletzt 2022 mit dem Brücke-Berlin-Preis ausgezeichnet. Mit dem Verein Weltlesebühne setzt sie sich für Sichtbarkeit von Übersetzerinnen und Übersetzern ein.

Jan Faktor, 1951 in Prag geboren, zog 1978 zu seiner Frau nach Ostberlin. Bis 1989 war er in der alternativen Literaturszene des Prenzlauer Berg engagiert und schrieb auch in den 1990er Jahren ausschließlich experimentelle Texte. Seine Romane wurden vielfach ausgezeichnet, zuletzt 2022 »Trottel« mit dem Wilhelm-Raabe-Preis. 2018 übersetzte er gemeinsam mit **Annette Simon** »Hilfsschule Bixley« von Ivan Blatný.

INHALT

DIE ERSTEN ZEHN JAHRE

ANHANG

Titel der Originalausgabe:
Prvních deset let
(Praha 1981/2002)

© **Egon Bondy – heirs**; das tschechische
Original erschien erstmals bei Maťa, Tschechien, 2002
Veröffentlicht mit Genehmigung der Erben Egon Bondys

Der Verlag bedankt sich für die großzügige Unterstützung
durch das Kulturministerium der Tschechischen Republik,
die die Übersetzung dieses Bandes möglich gemacht hat

Dank auch für die wertvolle und hilfreiche Unterstützung
des Verlags und der Übersetzung durch Martin Machovec

© Fotografien: S. 232 (mit Bier): Archiv Ivo Vodseďálek
S. 232 u. 233 (Vorder- und Rücks.): Archiv Martin Machovec
S. 233 (Porträt): Archiv Eva Medková-Kosáková